平川克美

21世紀の楕円幻想論

——その日暮らしの哲学

まえがき

一年前に、会社を一つ畳んだ。

そのために、会社が借り受けていた銀行や政策金融公庫からの借金を一括《いっかつ》返済せねばならず、家を売り、定期預金を解約し、借り入れ全額を返済し、結局、全財産を失った。

同じころ、肺がんの宣告を受け、入院、手術で、右肺の三分の一を失った。

もう失うものがあまり残っていない。

失うものがないというのは、弱みでもあり強みでもある。

債権回収の鬼といえども、金のないものから取り立てることはできない。

臓器移植の悪魔のセールスマンも、無い肺は売れない（言い過ぎですね）。

まあ、とにかく還暦を過ぎて何年も経て、そんな状態に陥ったわけである。

そのことに対して、特段の後悔も、もちろん満足もない。

こういうものだろうと思うだけである。

人間というものは、こうやって、すこしずつ持てるものを失っていって、最後には空身であちら側へ行くというのが理想なのかもしれないとも思う。

ひとの生涯というものは、意思だけではどうにもならない。

この間のいきさつについて、だいたいのところは、納得しているし、違うやり方があったとも思わない。

機縁の赴《おもむ》くままに、と言えば達観したかと誤解されそうだが、それはまったく違う。あがいても、もがいても、行きつく場所はだいたい同じところだというのが、不思議なところで、満足というよりは、まあ、しょうがねぇかといったところなのである。

ただ、これまでフルスロットルで突っ走ってきたので、これからはすこし違う景色も見てみたいと思うようになった。

自分で意識して生活を変えたわけでもないのだが、金が無くなり、体力が無くなれば自然と生活も変化する。

で、どのように変化したのかといえば、一日の変化が少なくなるように、変化したのである。これを、流動性の喪失というらしい。

過剰流動性というバブルへの待望がわたしの内部ではじけたのかもしれない。

そうなってみると、することが無いので、銭湯をはしごしたりしている。

最近、亀有《かめあり》にとてもよい銭湯を見つけた。

『こち亀』の亀有である。東京の南の外れにある自分の家からはちょいと遠いのだが、晴れた日曜日の午前中などは、快適な朝の露天風呂を目指して車を走らせる。箒《ほうき》で掃《は》いたような雲と青空の下で、素《す》っ裸になって湯あみするのはまことに心地がよい。生きていることに感謝したくなる。

素っ裸がいいのである。

やはり、風呂だなと思う。すべての財産を失い、素っ裸になっても、湯に浸れば、幸福感に浸ることができるのだ。

借金という重圧から解放されるだけで、身体中の重しが取れたように、身も心も軽くなる。

もう、借金返済のために働かなくてもよい。

しなくてもいいことは、やらないぞ。

と思っていたら、ミシマ社の三島社長がやってきた。

三島くんというのは、こういうときを見計らったかのように姿を現す。

出版界の珍獣ハンターである。

それで何用かと思えば、「破産論」書きませんか、とおっしゃる。

こりゃ、債権回収担当者より怖い。

わたしが財産を失ったらしいことをどこかで嗅《か》ぎつけて、姿を現したのである。

ミシマ社では、最初に『小商いのすすめ』という本を書いた。

路地裏の小商いみたいなことをやって、生き延びていけるのなら、組織の末端での社畜のような生活から脱却して、もうすこし自分らしい商いをしてみたいと考えているひとたちのお役に立てるかもしれない。

しかし、わたしにそのような「人生お役立ち本」が書けるわけがない。

有用なことをすることをわたしの内部の何かが拒絶するのである。

そんなわけで、この本は上梓するまでに、ずいぶん難渋した。

『小商いのすすめ』という本を書きながら、小商いの神髄がよくわからなかったのである。

あるとき、「偶然と必然」というテーマが頭に浮かび、わたしたちがこの世に生を享《う》け、今こうしていることはほとんど偶然で、結局ひとは偶然に生まれて偶然に成功したり失敗したりして、偶然に死んでいくんじゃないかという考えに取りつかれた。だとするならば、この偶然の結果としてのろくでもない現実に対して、わたしには何の責任もないだろう。この自分には責任のない偶然を必然に変えることが、本来の生きるという意味なのかもしれないと考えるようになった。

ひとは、誰も、自分の人生に対して、いかなる責任もないのだ。そう考えたときに、もし、偶然に過ぎない人生を必然に変えることができるとするならば、それはその責任のないことを自らの責任として引き受けるということによってだろう。

そんなふうに考えていたら、目の前が拓《ひら》けた。

そうか、小商いとは、自分がその全責任を負って行うビジネスプロセスのことを言うのか。ならば、小商いとは規模のことではない。

それが何であれ、どんな種類の商いであれ、本来自分に責任のないようなビジネスプロセスにまで、責任を負うという態度のことを、わたしは小商いと呼びたいのだと思ったのであった。

そして、浮かんできた言葉がヒューマンスケールだった。

わたしたちは、もう一度ヒューマンスケールを回復しなければならない。

でも、ヒューマンスケールとは何なのか。

いまひとつわからないのだが、本書ではそのことに対するひとつの答えを提示することになるだろう。

幸いにして『小商いのすすめ』は広く受け入れられたようである。いまでも、わたしがやっている「隣町珈琲」という喫茶店に、同書を読んで目の前が拓けたと言ってくださる方がやってくる。わたしもまた、自分が書いた本に影響を受けた一人で、それまで自分がやっていたビジネスをどんどん小さくしてゆき、ついでに、自分の生活の場も、できうるかぎり小さくしてゆくようにした。

その体験をもとにして書いたのがミシマ社での二作目にあたる『「消費」をやめる　銭湯経済のすすめ』であった。

「半径三キロメートル圏内でめぐる経済」という惹句《じやっく》がついているのだが、なんのことはない、わたしの生活は、ほとんど半径五〇〇メートルで済んでしまうほど、コンパクトなものになった。そして、そのプロセスの中で、冒頭のような借金漬けの生活からもさよならして、ついには、文無し生活、その日暮らし、タケノコ生活、自転車操業の日々となった。

とほほである。

多くの人々は、そんな生活をしたいとは思わないだろう。

しかし、やってみるとこれがなかなか時代に適合した生き方のようにも思えてくる。

ただ、そこにはもちろん落とし穴もある。

下手をすれば、日々の釜の蓋《ふた》もあかなくなり、一夜の宿にも困窮するということになりかねない。それでも、その日暮らしというのは、なかなか味のある生き方だと思うし、これからの成長しない経済の時代に適合した生き方になり得るようにも思う。そのために必要なものは何か。それが問題だ。

その答えは本書をお読みいただきたいと思う。

本書は、わたしが、ミシマ社の三島邦弘社長と、星野友里編集委員に語りかけているという設定で始まったプロジェクトだったが、大部分は書き直したので、ほとんど書き下ろしだと言っても良いと思う。ただ、幾分かはそのときの空気や、語り口を残してもある。文体が不統一なのは、そのためである。勢いだけで、言ってしまったこともある。

しかし、勢いで言ってしまったことのなかに、案外真実が潜んでいるかもしれない。

やむを得ず、その日暮らし。

それもまた、味わい深い。

21世紀の楕円幻想論　その日暮らしの哲学──目次

2・返済するという感覚——ビジネスの起源と交換のモラル

3・見え隠れする贈与——消費社会のなかのコミュニズム

6・21世紀の楕円幻想論——生きるための経済

交換はわたしたちの
負債の解消を可能にしてくれる。
交換は負債をチャラにする手段、
つまり関係を終わらせる手段を
あたえてくれるからである。

——デビッド・グレーバー『負債論』

1・生きるための負債

――人間関係の基本モデル

借金とは、遅延された等価交換である

さて、ちょいと暗い話から始めたいと思います。

でも、本当は暗い話ではなくて、むしろほっとするような、何かが始まりそうな物語にしたいと思っています。実際、そうなんですから。

まえがきにも書きましたが、昨年（二〇一六年）、わたしは十五年続けてきた会社を畳みました。

赤字が続いて、事業を継続してゆくことが困難になったからです。そのときに、会社にはかなりの借金がありました。わたしは、もともとは、この会社の社長ではありませんでした。

代表権のない会長です。もともとこの会社の設立を画策した関係で、行きがかり上、会長になったのです。

会社を始めて数年後に運転資金が必要になり、自己資金だけではやり繰りできずに、経営陣（とはいっても三人ぐらいなのですが）で衆議して、銀行から金を借りることにしようということになりました。

銀行から金を借りるには、代表者は連帯保証人にならなくてはなりません。

そのとき、社長が「ご先祖の代から、保証人にだけはなってはいけないと言われている」と言うので、「保証人になる覚悟がないのなら、代表者を名乗る資格はないよ、わたしが社長を引き受ける」ということになりました。

結果的にみれば、このご先祖の言ったことは正しかった。そして、日本中のご先祖がこういうことを言い続けているということは、保証人で苦しむひとが後を絶たないことの証拠でしょう。それなのに、なぜ、このシステム、続いているんでしょうかね。

さて、わたしは、すでに別の赤字会社の社長をやっていましたし、さらにリスクを付け加えるつもりもなかったのですが、当時の社長の弱腰を見ていたら、なんだか腹立たしくなって、思わず、「俺がやるよ」と啖呵《たんか》を切ってしまったのです。これが、その後、わたしの生活を圧迫することになるわけですが、そのときはまだ、何とかなるわいと楽観していました。

アントニオ猪木も、加山雄三も借金の地獄から這い上がってきたじゃないか。俺にだってできないはずはない。

借金ぐらい何とかなるわ、秋の空。そんな気持ちでした。

しかし、わたしは、アントニオ猪木のような頑強な肉体やファンタスティックな関節技は持っていない。加山雄三のような恵まれた容姿も音楽の才能もなかったのです。かれらにとっての「才能」は、借金と同額かそれ以上の「見合い担保」であり、その担保と借金の額は釣り合っていたのです。

これが、わたしが見落としていた、負債に関する初歩的な知見でした。

後に、友人知人から金を借りるのならまだしも、見ず知らずの他人、しかも銀行や政府機関から借金することの恐ろしさを、思い知ることになります。

それから十五年、会社が借り、わたしが保証人になった膨大な借金は、結局何とかならず、会社を畳むはめになったのです。

ところが、会社を畳むためには全額耳を揃えて返済しなくてはならず、結果として全財産を失うことになりました。

貯金をはたき、家も売って、結果、いま一家三人がアパート暮らしということになっているわけです。

これって、傍目《はため》には地獄なのかもしれませんね。

事業で失敗して、財産失って、さあどうするよ。誰も助けてくれないよ。自己責任だし。

けれど、不思議なことに、わたしは借金の重圧から解放された分だけ、清々とした気持ちになっているのも事実なのです。ひどく落胆するだろうと思っていた妻もそのことを喜んでくれました（ああ、よかった）。

休日の風呂上がりのようなござっぱりとした気分ですが、そのまま秋風の中で涼んでいたら、風邪をひいてダウンなんてことにもなりかねません。でも、不思議なものです。借金返したら、財産は無くなった。

ん？

俺は何をやったのだろうか。

俺がやったことにどんな意味があったのか。

そのことを本書で書いていくことになるのですが、とにかく、急に気が楽になったのです。

強がりを言っているわけではありません。

借金が無くなったから気が楽になったのか、財産が無くなったから気が楽になったのかは、微妙なところです。

これから書くことは、借金も、財産も、ひとを縛るものだということに関係しています。いや、借金とか財産というものは、ひととひと、ひとと社会を結び付けている糊代《のりしろ》のようなものだということを、ご説明してゆきたいと思っています。もちろん、それはよいこともあり、悪いこともあるわけですが。

わたしの場合、借金の返済によって、借金しなければ付き合うことも知り合うこともなかった、銀行や、政府機関の人々との関係が「切れた」ということが大きかったように思います。

つまり、逆に言えば、借金とは、自らの意図とは無関係に、赤の他人との関係を取り結んでしまうことなんですね。それも、「支配―被支配」の関係に近い関係です。

現代の社会では、この意図せぬ関係は、等価物で返礼する以外には、解消できないのです。

そう、等価交換方式です。

つまり、借金とは遅延された等価交換だということなのです。

だから、必ず決済されなければならない。

そんなことをした覚えはないと言っても、借金をした瞬間から、等価交換の延期が始まるのです。

等価交換であるがゆえに、貸借関係は決済されるまで終わることはありません。

借金の返済とは、遅延された等価交換の決済ということですね。

決済とは、等価交換の完了ということになります。

まあ、運よくわたしは自らが積み上げてきた資産を纏《まと》めて、この貸借関係を断ち切ることができたということです。

しかしです。借金返しちゃうと、やっぱりやる気がなくなっちゃうわけですね。不思議なもので、ある程度のストレスがないと、今度はやる気というものがなくなるということに、いまさらながら気づいたわけです。

人間とは、まことに矛盾《むじゅん》に満ちた、おかしな存在だと思います。

貨幣とは、非同期的交換のための道具である

現代のほとんどの等価交換は、貨幣と商品の交換という形式をとっています。

しかし、もし、交換物が使用価値という尺度によって計量されるのならば、この交換はどんなに大雑把《おおざっぱ》に見ても等価交換とはいえないでしょう。

一方は何かの役に立つ商品であり、一方は何の役にも立たないただの紙切れなのですから。

では、いったい何が交換されたのでしょうか。

それが、貨幣の謎を解き明かす最初の問いでもあります。

わたしの答えはこうです。

交換が成立するのは、貨幣というものは、それを受け取ったときに交換した商品と同じ価値のものを、いつでも、どこの市場でも買い戻すことができることが約束されているからです（あるいはそう信じられている）。

ですから、この交換（貨幣と商品の交換）で行われたことは、本来の交換（等価物の交換）の延期の契約だというべきなのです。いつまで延期するかは、貨幣を受け取った側の裁量で決まります。

借金とは遅延された等価交換と書きましたが、借金の場合は、遅延の時間は、主として貸した側の裁量で決まるのです。それがいやだったら、貸さないよというわけです。

交換不成立。

実際には、よくあることです。遅延された等価交換を決済するに見合う担保がなければ、銀行は金を貸してくれませんよね。

同じことを別の側面から見ると、貨幣交換とは「非同期的交換」であり、貨幣とは非同期的交換を可能にするマジックツールだということです。

交換の、本当の実行日を自由にずらすことができる。

これこそ、貨幣交換が爆発的に普及した本当の要因なのです。かえってわかりにくくなっちゃいましたか。

すこし、別の譬《たと》えでお話しします。

インターネットにおけるメールについての話です。

インターネットの草創期に、わたしは、インターネット評論家のような仕事をしていたことがあるのです（今のわたしからは、想像もできないでしょうが、モザイクというインターネットブラウザが出現したころ、シリコンバレーのエンジニアたちと頻繁に交流することがありました。会議を開いたり、勉強会をしたり、インターネットの未来について論じあう機会がありました。それで、講演も頼まれてやったのです。乏しい知識とその場限りのはったりでね）。

もう、場所も、相手の名前も忘れてしまったのですが、あるカンファレンスで、インターネットエンジニアがわたしに言った言葉だけは今でも、覚えています。

「ヒラカワ、インターネットのすごいのは、ブラウザじゃないんだ。メールなんだよ。これがどんなにすごいことかお前にわかるか」

そのアメリカ人は、興奮した顔で、こちらの目をのぞき込みました。

そのときにかれが言った言葉が asynchronous communication というものでした。翻訳すると、非同期的コミュニケーションです。

そう言ってかれは、自分のパソコンの画面を見せてくれました。「今日は三〇通も来ている。すごいだろ」。

わたしは、何がすごいのかよくわかりませんでした。かれの自慢気な態度もちょっと気に入らなくて、そんなに頻繁にお手紙をやり取りしてどうするんだよ、ヤギさんじゃあるまいし、という気持ちだったのです。

ＬＩＮＥを普通に使っている今の若い方には、当たり前のことのように思えるかもしれませんが、わたしたちのような還暦過ぎの爺《じじい》にとっては、手紙というのは、万年筆で何度も書き直しながら書き上げて、それから封筒に入れて、切手を貼って、ポストに投函するものでしたからね。

そして、好きな女の子からたまにもらった手紙は、宝物のように大切に保管して、後になって涙ぐみながら読み返したり。

当初は、わたしも、まあ、電子メールも、これを電子的に置き換えただけじゃないかと考えていたのです。

ところが、かれは、これはそうした手紙とはまったく違うものだというのです。インターネットがない時代には、同じ場所で対面して話をするか、郵便ポストの前で何日も待たなくてはならなかったけれど、電子メールでは、いつでも、どこでも、読みたいときに相手の手紙を読むことができるし、読みたくなければ、ゴミ箱に捨てることもできる。

この電子メールの出現によって、非同期的なコミュニケーションが可能になったのだということなのです。

コミュニケーションの実行日を自由にずらすことができる。

もうおわかりかもしれませんが、貨幣というものの大きな特徴も、この非同期性にあるということが言いたいのです。

貨幣交換とは、非同期的交換であり、貨幣の出現によって、同じ場所に交換物を持参して、対面で相手の品物を吟味しながら交換するなんていう面倒がなくなったのです。

大きな特徴と言いましたが、それこそ貨幣の本質ではないかとわたしは考えています。本質ってなんだよと言われそうですが、英語にすればNature（ネイチャー）ということです。貨幣は人工物ですので、それがNatureをもっているというのも変なのですが、むしろ、人間のNatureが貨幣というものを必要としたのかもしれません。

交換、交流、つながりを求めてやまないNatureをもつ生き物が人間であり、いつも、自由で融通のきく交換手段を求めていた。

電子メールの出現によって、社会のコミュニケーションが爆発的に増加したのと同じように、貨幣の出現によって、社会のモノの交換は爆発的に増加することになりました。非同期的交換を可能にしたことこそ、貨幣というものの大きな功績であり、ある場合には貨幣の害悪でもあるのです。

というのは、この交換方式はあまりに便利なので、本来必要としないものまで、いつか必要になるかもしれないということで、貨幣と交換してしまうようになったからです。結果、着もしない服がクローゼットで眠っていたり、冷蔵庫で余分な野菜が静かに腐っていくわけですよ。

もっとやっかいなのは、貨幣以前は、交換物は腐ったり、劣化したりしたので、賞味期限がありました。それらの交換物は、消費した時点でなくなりますし、保存には限りがあります。しかし、貨幣のもうひとつのNatureは、それが腐らず、劣化しないというところにあります。それゆえ、ひとは、貨幣を安心して保存するということを覚えることになるのです。

すなわち、これが財の退蔵であり、資本蓄積のはじまりだったのです。

・貨幣交換　＝　遅延された等価交換
・貨　　幣　＝　非同期的交換を可能にした革命的ツール

使用価値が劣化することのない（腐らない）商品
もともと、使用価値なんかなかった

返礼無用の社会

ところで、最近『負債論』[1]っていう本が出たので、読んでみました。「貨幣と暴力の5000年」という副題がついていますが、人類史を俯瞰する、野心的な大著です。ものすごく厚い本です。

ですから、いくつかの重要な章以外は流し読みです。でも、この本はとにかく面白くて、こちらの興味をそそる話が次々と出てきます。

ひとことで言えば、社会の歴史や現代のシステムを「負債」という概念で説明してしまおうという本です。同時に、わたしたちが現在考えているような「負債」の概念そのものをひっくり返してしまうようなことが書かれているのです。

たとえば、この本の中でデンマークの著述家ピーター・フロイヘンの『エスキモーの本』

が紹介されます。

ある日、セイウチ猟がうまくいかず腹を空かせて帰ってきたとき、猟に成功した狩人の一人が数百ポンドの肉を持って来てくれたことについて、フロイヘンは語っています。かれはいくども礼を述べたのだが、その男は憤然と抗議する。そして、こんなことを語りだしたのです。

> その狩人はいった。「この国では、われわれは人間である」。「そして人間だから、われわれは助け合うのだ。それに対して礼をいわれるのは好まない。今日わたしがうるものを、明日はあなたがうるかもしれない。この地でわれわれがよくいうのは、贈与は奴隷をつくり、鞭が犬をつくる、ということだ」。[2]

面白いですね。日本にも、「困ったときは相《あい》身《み》互《たが》い」なんていう言葉がありますが、「負債」というのは、人間にとってそれほど、本質的なものなのかもしれません。イヌイットにとって、「負債」と「返済」あるいは、「贈与」と「返礼」といった等価交換は、人間がするべきものではないと考えているかのようです（この引用における「贈与」は後述するマルセル・モースの言う全体給付システムとしての「贈与」とは使われ方が違う。ここでは返礼を前提とした相対《あいたい》的な贈与のことを指している)。

どういうことなんでしょうか。

イヌイットが言うには、負債を意識し、貸借関係が生まれてしまうとすれば、それは奴隷をつくることになり、犬をつくることになるのだということですね。

なるほど、借金を返済したときのわたしのあの解放感は、奴隷から解放されたということだったのか。

負債関係は、現代版の、主人と奴隷の関係なのです。

負債関係を意識した瞬間から、人間関係の平等性に異変が生じます。つまり、債権者と債務者という関係が生まれるのです。債権を取り立てる権利を有するものと、債務を履行《りこう》する義務を負うものという関係ですね。

このような関係は、いったん始まってしまえば、負っている負債を返済しない限り、逃げることも隠れることもできないことになります。現代でも、借金を踏み倒せば、司法がそれを許さないという仕組みになっています。

ところが、イヌイットにとっては、負債は人間であれば当たり前のことなのです。むしろ、分け与えることは義務であり、それを受け取ることも義務なのです。現代的解釈における権利と義務という意味での義務ではありませんよ。

人間なら、当たり前過ぎて、誰もがしなくてはならないことなのですね。つまり、子どもは、自分が生まれることを拒否できないということとほとんど同義的な、拒否すれば人間として生存することが危うくなるような、拒否不能のことがらだということです。はじめに義務ありき。これは自然なことだというのです。

生きていることが負債の担保

人間はもともと誰もが、誰かに負債を負っているものであるという考え方があります。Everybody loves somebody（「誰かが誰かを愛してる」という日本題でしたが、元の意味は「誰もが誰かを愛してる」ですよね）というディーン・マーチンが歌ったスタンダードがありますが、まさにEverybody owes somebody です。

考えてみれば、人間は生まれ落ちた時点で、親だけではなく、世の中に負債を負った存在なのです。原初的な負債ですね。

宗教的には、原初の負債という考え方が、「原罪」だということになります。「原罪」とは何かということについては、キリスト教の宗派ごとに様々な解釈がありますし、本書の主要なテーマではないので、門外漢のわたしが深入りすることは避けますが、不可避的に罪を負って人類がこの社会に生まれてきたという物語には、やはり、何か人類史的な謎が隠されているように感じてしまいます。

そして、この旧約聖書の物語がなければ、すべての罪（返済不能の負債）をひっかぶってイエスが磔《はりつけ》になるという新約聖書の物語も始まらない。

わたしは、旧約聖書の原罪を記述する部分で、どうしてこのような物語を採用しなければならなかったのかということに興味があります。

そして、この物語は、新約聖書の中で、負債と義務についての物語として幾度も変奏されることになります。

『借りの哲学』[3]という大変面白い本を書いているフランスの哲学者、ナタリー・サルトゥー＝ラジュというひとが、この「負債」と「義務」という言葉についてのニーチェや、言語学者のエミール・バンヴェニストの考え方をめぐって、およそ次のようなことを書いています。

ニーチェは、『道徳の系譜』のなかで、人間関係の基本は、負債をめぐる債権者と債務者の関係だと考えた。この関係はあくまで、物質的、経済的なものだが、ここから、「義務」

や「責任」といった道徳的な観念が派生してきた。

一方、言語学者のバンヴェニストは、インド－ヨーロッパ言語史を渉猟《しょうりょう》し、ニーチェとは反対の説を述べた。イラン語、ラテン語、ゴート語、ギリシア語などの言語では、「貸し付け」および「借用」、「負債」といった言葉が、より一般的な言葉である「義務」から派生してきた。「義務」が先にあった。

さて、どちらが正しいのか、わたしには判断する材料がありませんが、わたしはバンヴェニストの考え方に強い親近感を覚えます。ニーチェは、経済的関係が先行し、そこから「義務」や「責任」というモラルが発生したと考えており、バンヴェニストはモラルが先行していたと考えたということでいいだろうと思います。ただ、ことはそれほど簡単ではありません。ニーチェが言っているモラルと、バンヴェニストが言うモラルが、同じものを指しているようには思えないからです。

後に詳しく述べることになると思いますが、わたしは両親の介護をしていて感じた「義務」のようなものを、これまでうまく説明できないでいました。

しかし、同時に、この義務感は、単に親から受けた恩に対して返礼する、つまり借りを返すということとは違う、もっと本質的なものであると感じていたのです。人間として、当たり前のことをしているという感覚に近いかもしれません。

いずれにせよ、「負債」は、単なる物的な貸借関係を示す言葉ではなく、もっと根源的な人間と人間の関係を規定する言葉であることは確かなようです。

『借りの哲学』の中では先の下りのすぐ後で、サンスクリット語学者で、宗教史研究家のシャルル・マラムーの言葉が引用されています。

> バラモン教は人間に対して、繰り返し「義務」を説く。その「義務」とは、「死ななければならない」ということである。
>
> 〔九八頁〕

そして、「物質的な負債」は、「本来的な負債」から派生したものであり、「本来的な負債」とは、「人はいつか死ななくてはならない」という事実であるとも言っています。

うーん。ここはちょっと難しい。

でも、わからなくはありません。

現代的な解釈によるならば、死は、この世に負債をもって生まれたものが、負債をすべて返済して楽になるということでもあります。

そして、いかなる人間も、例外なくこの宿命から逃れることはできません。

「死んでお詫び申し上げる」なんていうのも、こうした理路から出てくる言葉かもしれません。現代社会は、実際に、負債の返済を生命保険で行うこともあります。

知人同士の場合には、生命保険を担保にして、お金を借りるなんてことがあり得たのです。今でもあり得るかもしれませんね。

この場合、生命保険は、それを掛けていた本人にとっては、生きることが不可避的に負ってしまう負債の担保というわけです。

見方を変えれば、生きていること自体が負債の担保なのかもしれません。この担保は、余命の短縮とともに、目減りするわけで、残り寿命が短くなると、ローンも組めなくなります。実際問題として、還暦を過ぎると、単独では住宅ローンを組めなくなる。長期借入ができるのは、その人間が生きて返済できる限りにおいてなのです。

残酷なようですが、負債論としては、平仄《ひょうそく》が合っています。

生まれるとは、負債を負っているということであり、余命はその担保。こちらが現代の負債論だとすれば、イヌイットの負債論は、その反対で、生まれるとは義務であり、拒否することができない自然なことであり、返済の義務などない。

生まれることが義務ならば、生きていくこともまた義務です。

義務を履行するために、他者から食べ物を受け取ることもまた、当然のことだということです。だから与えるのも当然のことである。

これが、わたしの解釈です。

なんか変ですが、ひとまずそんな認識を共有できたらと思います。

全体給付の体系

前貨幣経済とはどんな原理によって成り立っていたのでしょう。

マルセル・モースやレヴィ＝ストロースや、マーシャル・サーリンズが発見し、記述したのは、貨幣経済以前の部族社会における経済です。

ひとことで言えば、それは交換経済ではなく、贈与経済だということですね。交換経済が市場原理というシステムで動いているとすれば、贈与経済の原理は、全体給付のシステムだということになります。あるいは、贈与の受領と再贈与の義務による交換システムだともいえます。

なぜ、全体給付システム（受領と再贈与の義務の経済）が先に存在し、そこから交換経済

（返済義務の経済）が分岐してきたのか。

なぜ、最初に全体給付のシステムがあったのか。

これはいきなり大問題です。

マルセル・モースも、そんな問いには答えてくれてはいません。

わたしの想像に過ぎませんが、こんなことは考えられないでしょうか。

部族社会における共同体メンバーが生きていくために必要な、食糧、物資は、ふんだんに供給できるわけではなかった。狩猟漁労や畑から収穫できる食糧は、共同体のメンバーが生きているために必要な量以上に、確保できなかったし、確保する必要もなかった。エネルギーの利用や転換の技術も持ち合わせてはおらず、食糧の保存にも限りがあったので、必要以上に収穫することは、自然を荒らすだけで、意味がなかった。それゆえ、収穫量をメンバー全体に給付しなければ、一人あたりの不足を補う方法がなかった。ちょうど、難波船の上で、残り少ない食糧を全員で分け合うような分配のシステムを、部族儀礼として社会の中に埋め込んだ。それは、メンバーが飢えて食糧争奪の争いになることを避けるためであり、同時に部族の存続のための秩序を保つためにも有効なシステムであった。

しかし、近代以降になると、農耕技術や生産技術の向上とともに、メンバー全体が必要とする以上の収穫が可能になり、同時に貯蔵の技術も発展した。そこから、食糧や物資の退蔵が行われるようになり、必然的に持てるものと持たざるものの格差が生まれた。

再分配システムは次第に機能しなくなり、むしろ、食糧や物資がメンバー全体に行きわたるためには、交換の速度を速めることが重要になっていった。そして、交換速度を速めるために、最も貢献したのが貨幣の存在であった。貨幣の存在によって、交換物の価値を計測することが可能になり、以前はひととひとを結び付けていた負債と信用というモラルも希薄になっていった。

はたして、これで、いいのでしょうか。

あまり、早とちりするのはやめましょう。

何度も言ってきましたが、交換経済の基本原理は、等価物の交換ということです。マルセル・モースが贈与交換社会の考察でやったことは、物々交換から貨幣交換へ交換が加速されていったという等価交換の歴史物語を否定し、贈与交換の社会と、等価交換の社会には大きな断絶があるということを示したことです。

これは、社会原理がまったく違うということを意味しています。

贈与交換社会は、物々交換の原理によって動いているのではないのです。

物々交換と貨幣交換のあいだには、実は原理的な差異はなく、ただ、流動性の速度の差異があるだけだったのです。

モースがマオリ族の習俗から発見した交換様式は、それ以後の等価交換による交換様式とは原理的にまったく違うものでした。

マオリが行っていた交換が指し示しているのは、部族社会全体にモノが行きわたり、あるいは自然の恩恵が行きわたるための制度です。これをモースは、「全体給付の体系」と名付けたのです。

なぜ、そのような給付体系が必要だったのか。

その明示的な回答はありませんが、考えられる理由はひとつしかないように思えます。それは、先に推論したように、部族のメンバーが生き延びていくために、最適化されたシステムだったということです。「全体給付の体系」がなければ、そこに人間同士の貸借関係が発生し、支配・被支配の関係が入り込み、闘争が生まれ、安定した部族共同体が存続の危機にさらされることになる。

もちろん、これはわたしの想像でしかありませんが、それほど突飛《とっぴ》な考えではないだろうと思います。

自然からの贈与

たとえば、前節でご紹介した『負債論』[4]で、デヴィッド・グレーバーが紹介している事例をもう一度思い出してみましょう。

イヌイットを取材していたデンマークの民族学者に対して、イヌイットが肉を与えたので、学者は礼を言ったのでした。それに対して、イヌイットが怒ったんですね。なぜ、イヌイットが怒るのか。イヌイットは「礼を言われる筋合いはない」というわけです。現代の、等価交換の社会のなかで生きているわたしたちにとっては、モノをもらったら返礼するのが当たり前のことだと思います。しかし、このモラル、つまり等価物を返礼するというモラルは、等価交換ということが日常的に行われることのなかからしか、生まれようがないモラルだったというわけです。

人間はもともと自然からの贈与を受け取って生きており、それは当たり前のことだったわけです。現代社会に生きている人々は、ペットボトル入りの水をもらえば、それに対してお礼を言ったり、返礼したりするのは、当たり前だと考えるでしょう。自動販売機にコインを投入しなければ、水はもらえない。借金を返すのは当たり前であり、借金を踏み倒すのはモラルに反するというのも同じです。

しかし、部族社会の人々にとっては、自然からの贈与は、自分たちが生きていく条件であり、感謝の気持ちはあっても、等価交換的な返礼の気持ちはない。

神からの贈与と考えていたかもしれません。

デンマークの民族学者が出会ったイヌイットも、同じです。

最初に等価物返礼というモラルがあったわけではないのです。

等価交換のモラルは、つくり出された、つまり、作為的なモラルなのです。

貨幣経済の進展によって、一気にモノや金の流動性が高まりました。さらに、その流動性を高めるには、絶えざる清算が必要になったのです。そこから、借りたものは返さなくてはならないという等価交換のモラルが発生してきた。しかし、イヌイットにとっては、このモラルは反モラルということになるのです。イヌイットが肉を与えたのは貸しをつくったということではないのです。もし、いったん、貸借関係が発生してしまえば、そこから現代のわたしたちの社会が持っているような上下関係、支配と被支配、債権と債務といった危うい社会関係がイヌイットの社会に入り込んでしまう。イヌイットはそのことに直感的な危険性を感じていたはずです。

「俺とお前が生き延びていくために」必要なことが行われた。それだけだというわけですね。ここにも全体給付の体系が生きているように思えます。全体給付の体系の前にある贈与とは、自然の贈与であり、ひとが生きていくために必要なものは、自然がタダで与えてくれる。水も、空気も、太陽の熱も、カリブーの肉も。それらは、人間が生きているために自然が与えてくれた最初の贈与であり、人間はその贈与の恩恵によって生かされている。その自然を収奪することによって、貨幣経済が跋扈《ばっこ》し、その結果として、人間の社会にヒエラルキーが発生するのだということなのです。だから、イヌイットは「鞭《むち》が犬をつくるのだ」と言ったのですね。

わたしたちは、「自分のために生きている」のか？

さて、ここですこし話を転じて、わたし自身に起きた贈与と返礼の経験について述べてみたいと思います。

これまでにも触れてきましたが、父親を介護した経験が、わたしに教えてくれたこと。

東日本大震災の一年とすこし前から、わたしは毎日毎日、父親の食事を作り、下《しも》の世話をし、生活をやり繰りしながらの日々を送っていました。

その苦しい日常の中で、自分がやっていることは、かつて父親や母親からやってもらっていたことへの返礼なのだろうかと考えていました。

いや、正確にはそんな観念的なことを考えていたわけではなくて、自分を面倒な仕事に突き動かしているものが何なのかを漠然と考えていたのだろうと思います。

で、あるとき、そういうことなのかと納得するときがやってきたのです。

父親が死んでから、わたしはそれまで、毎日欠かさず行っていた料理をする習慣を無くしました。毎日毎日会社が終われば、スーパーマーケットに立ち寄って食材を買い込み、一週間の献立(いや、頭の中の献立らしき料理一覧)にしたがって、夕食の料理にとりかかっていたのですが、父親の死を機に、ほぼ外食の日々となってしまったのです。

自分のために、料理を作ろうという気持ちがまったく萎《な》えてしまいました。

そのときに、わたしが考えたこと。それこそ、贈与の秘密だったのではないかと思ったのです。つまり、ひとは自分で思うほど自分のために生きているわけではないということです。家に自分が作る料理を待っていてくれるひとがいれば、ひとは何があってもそれをやろうとするだろうし、そこに喜びも見い出せるのですが、自分のためだけに味や栄養を考えて料理を作ろうという気にはなれないのです。

それは、いったいどういうことなのでしょうか。

さすがに、「自分より他人が大事と思いたい」というような人間はいないでしょうけど。「ひとは誰でも、自分の利益を最大化するために生きている」「ひとは誰でも自己利益を追求してよい」「慈善など欺瞞《ぎまん》である」「ひとは自分で自分の生き方を決定する自由があり、自分の生き方に対しては自分で責任を取らなければならない」などなど、こういった、一九九〇年代以降盛んに喧伝されてきた利己主義を肯定する考え方は、そもそも大嘘なんじゃないかということです。新自由主義的な価値観には、根拠がない。

実のところ、人間というものは、自己の欲望充足のために生きるのだという考え方は、トマス・ホッブズの時代までさかのぼることができます。

デヴィッド・グレーバーは、『負債論』の中で、こんなことも記しています。すこし長いのですが重要な部分ですので引用してみましょう。


一六五一年に発表されたホッブズの『リヴァイアサン』は、多くの点からみて、社会とは先行する共同体の連帯の絆のうえに構築されている、という発想に対す

る広範にわたる攻撃だった。
ホッブズは、新しいモラル上のパースペクティヴによる攻撃の火ぶたを切ったと考えることができるが、それは破壊的なものだった。『リヴァイアサン』の出版時に、なにが読者を非常に憤慨させることになったのかはっきりしない。その情け容赦のない唯物論か（基本的に人間とは快楽の見込みにむかって苦痛の見込みを避けるという単一の原理によってそのすべての行動が理解できる機械であるとホッブズは主張した）？　あるいはそれに由来する冷笑主義《シニシズム》か（ホッブズは、愛と友情と信頼がそこまで強力なものならば、なにゆえわたしたちは貴重な財産を家庭内においてさえ金庫に保管しているのかと問うた）？　とはいえホッブズの議論の根本部分——人間は自己の利益によって突き動かされているために、たがいに一致して公正に処遇しあうなどと信頼することはできないということ、それゆえ社会が出現するのは、人びとがみずから自由の一部を放棄し、王の絶対的権力を受け入れることがじぶんの長期的な利益にかなうと気づいてはじめてであるということ——は、その一世紀前に、マルティン・ルターのような神学者たちがおこなった議論とほとんど異なっていない。

〔四八八〜四八九頁〕

＊

わたしは、「自己利益（self-interest）」という根本観念にとくに注意をむけておきたい。この観念こそが、この新しい哲学にとって本当の意味で鍵となっている。この語が最初にあらわれたのはホッブズの時代であり、それはローマ法で利子（nterest：原文ママ）の支払いを意味していたinteresseから直接借用されていた。その語がはじめて英語に導入されたときのほとんどのイギリスの著述家たちの反応は、人間生活のすべてを自己の利益の追求として説明しうるという考えは、伝統的なイギリスのモラル観にはなじまない冷笑的《シニカル》で異質なマキアヴェッリ的思想であるというものだった。ところが、一八世紀までには、教養ある人びとの大部分が、それを端的に常識として受け入れていたのである。

〔四八九頁〕

マルセル・モースが『贈与論』を書いたのが、一九二五年であり、先行するブロニスワフ・マリノフスキーの『西太平洋の遠洋航海者』が発表されたのが、一九二二年なので、十七世紀の近代人であるホッブズは、当然ながら、部族社会における贈与慣習についても、全体給付のシステムについても知りません。だから、ホッブズが攻撃した愛・友情・信頼という観念が、そもそも、教会で慈悲心について教えられるはるか以前に、部族社会における全体最適のシステムのなかから生まれてきた観念であることに考えが及んではいません。

貴重な財産を金庫に保管するようになるのは、それほど昔の話ではなく、はるかな昔から、様々な場所で、財の退蔵を禁止するような奇習が、部族社会にあったことも知らなかったのです。

ところで、グレーバーが指摘しているように、人間生活のすべてを自己利益の追求として説明しうるとする考え方は、人類史的な時間の中ではずいぶん新しい考え方なのです。経済学の基本であり、政治学においても広く認知されている「合理的選択理論」、つまり、人間とはあらゆる場面で、最小のコストで、最大の効用を求める利己的な存在であるという考え方も、ずいぶん新しい理論であり、政治の分野でこの理論が強調されたのは一九五〇年代以降、経済分野においては、もっと新しいかもしれません。アダム・スミス再評価の流れの中で、出てきた考え方ではないかと思います。スミスは、「自己利益によって人間は動く」と書いていましたからね。

しかし、わたしの経験から導かれた結論は、そうしたものとはおよそかけ離れたものだったのです。

それは、簡単に言えば、こんなことです。

「俺は、案外、俺のために生きているわけではないのかもしれない」

「誰もが、自分が大事と思っている」と、思っているかもしれませんが、このこと自体が、ホッブズ以来の資本主義的な社会が生み出した、人類史的にみれば比較的新しい、偏見なのかもしれないと、疑ってみる必要があると思ったのです。

実際問題として、現実の生活の中では、自分のことは二の次にして、親や子どものために、身を粉《こ》にしている人々をわたしたちは見ているわけです。肉親だけではありません。他者のために、全財産をなげうつような奇特な人間がいるという事例も、たくさん見てきています。

かれらは、なぜそんなことができるのでしょうか。

「困ったときは相身互い」だから?

そういう面もあるでしょう。「相互扶助」ですね。

わたしは、ちょっと違う考え方を採用しています。それは、わたしたちの遺伝子の中には、自分だけが生き残ろうとする遺伝子と、自分たちの種を存続させなければならないという遺伝子の両方が存在していて、あるときは利己的になり、あるときは利他的な行動になるが、本人はなぜそんなことをしているのか、本当はよくわからない。別に科学的な根拠があるわけでもないのですが、わたしはそんなふうに考えています。

わたしたちは、自分のことがよくわからない生きものであり、それは、他の動物も同じなのです。自分のことはよくわからないけれども、わたしたちは自分たちの種が生き残っていくように行動してきたのです。

その行動を、ある時代の知性が、こう読み替える。わたしたちは、「何かのために行動している」はずであると。

しかし、本当は、何かのためにしているのではなく、ただ、何かに促されてそうしているだけなのかもしれません。

わたしたちは、ある場合には自己利益のために動き、ある場合には他者のために、自己犠牲を強いているかのような行動をするのです。

2・返済するという感覚

――ビジネスの起源と交換のモラル

ビジネスの始まりは物々交換ではない

ここで、ビジネスと負債の関係について考えてみましょう。

ビジネスの起源なんていうと、すこし焦点がはっきりしませんね。ここでは、一応、商取引の全般のことを指してビジネスと定義しておきます。つまり、商品を安く仕入れて高く売るというアイデアがいつ、どこから生まれてきたのかということです。

ビジネスの起源的な形態においては、まだ、工業製品はありませんので、何が商品になったのかが問題となりますが、考え得るのは海産物や農作物、あるいは石油や貴金属などの自然資源ということだろうと思います。これらの商品の売買について考える場合においても、わたしたちは、原初の負債というものに突き当たることになります。

ちょっとわかりにくいですが、ご説明します。

ビジネスの始まりは物々交換が最初ではありません。正確には、等価交換という概念が生まれてくるまで、利潤を目的とした取引というものは出現してこなかったと言えるだろうと思います。

いくら物々交換を繰り返したところで、それだけでは利潤の蓄積などはできません。価値という概念がなければ、その交換は互酬《ごしゅう》的な交換に過ぎないからです。

では、価値はどこからきたのか。おそらくは、交換を繰り返す中で、価値という概念もまた派生的に生まれてきたとは考えられないでしょうか。そして、それが利潤として蓄積されるためには、流通貨幣の出現も必要でした。

「わらしべ長者」は、わらしべをミカンと交換し、ミカンを反物《たんもの》と交換し、反物を馬と交換し、最終的に田んぼや家屋敷を手に入れる説話です。このお話は、一見、才覚のある子どもが、上手い取引を繰り返して、大金持ちになったという、出世譚《しゅっせたん》のように見えますが、もともとのお話では、因果応報譚の性格が強く、正直と信仰の大切さを説いた、教訓的な説話でした。『今昔物語』の最後のところでは、死んだ馬と布三反を交換した男は、長《は》谷《せ》の観音《かんのん》に馬が生き返るように祈ります。一所懸命祈っていると、馬が生き返ります。結果として布三反は見事な馬に変わります。その後、物語は次のように終わります。

男の思はく、「此の馬を京に将行らむと、若し、見知たる人も有て、盗たると云はれむも由無し。然れば、此にて売らむ。出立する所には、馬要する物ぞかし」と思て、馬より下て、寄て、「馬や買ふ」と問ければ、馬を求る間にて、此の馬を見るに、実に吉き馬にて有れば、喜て云く、「只今、絹・布などは無きを、此の南の田居に有る田と、米少とには替てむや」と。男の云く、「絹・布こそは要には侍れども、馬の要有らば、只仰に随はむ」と。然れば、此の馬に乗り試むるに、実に思ふ様也ければ、九条の田居の田一町、米少しに替へつ。

男、券など拈《したた》め取て、京に髴知《ほのしり》たりける人の家に行き宿りて、其の米を粮として、二月許の事なれば、其の田を其の渡の人に預て、作らしめて、半をば取て、其れを便として世を過すに、便り、只付きに付て、家など儲て楽しくぞ有ける。其の後は、「長谷の観音の御助け也」と知て、常に参けり。

「観音の霊験は此く有難き事をぞ示し給ける」となむ語り伝へたるとや。［5］

とても、読みづらい古語ですが、およその文意はわかります。馬を生き返らせた男は、今度は田んぼと、馬を交換することになります。そして、田んぼを耕しながら、最後には家までもらうことになったということです。全体としては、観音の霊験《れいけん》を賞賛する物語です。

この説話の原典である『今昔物語』の成立時期は必ずしも明確ではありませんが、およそ十二世紀初頭から、十五世紀はじめであろうと推測されています。その理由は、十五世紀初頭に、他の書物の中に、『今昔物語』の説話が引用されるようになったからです。

この時期に日本列島に何があったのでしょうか。

歴史家である網野《あみの》善彦の説の受け売りなのですが、貨幣経済が日本列島で一気に活発化するのは、十四世紀に入り、「無縁」の場所である、市場での商品交換が可能になって以後のことです。

もちろん、それ以前にも八世紀初頭に登場する和同開珎《わどうかいちん》以来、いくつか貨幣はありましたが、呪術的、象徴的意味合いが強いものであり、一部の地域で流通しただけで、庶民一般に普及するものではありませんでした。貨幣よりは、穎稲《えいとう》や、布地などが、前貨幣的な利用のされ方をしていたのです。律令時代の税が租庸調《そようちょう》でしたよね。つまり、稲の束とか、絹布などがお金の代わりをしていたのです。

流通貨幣が一気に活発化するのは数百年後になります。そして、この時期は「わらしべ長者」の説話が広まっていった時期と重なります。つまり、「わらしべ長者」は、当初は宗教的、道徳的な因果応報譚として書かれましたが、庶民のあいだでは、安く仕入れて高く売り続ければ、莫大《ばくだい》な儲けにつながるといった、貨幣交換の時代の、儲け話として広まっていったのではないかと推測されるのです。

つまり、それ以前の互酬的な経済から、貨幣経済へ急激に転換する時期に、ビジネスというものが始動し始めたのではないかということです。

これは日本に限ったことではなく、どこでも、近代化以前に、互酬的な経済システムから、急激に貨幣経済、市場経済へと移行する瞬間があっただろうことは、想像に難くありません。

イングランドにおいても、株式会社が次々に設立された十七世紀後半に、イングランド銀行が創設され、紙幣が発行されるのです。銀行が発行した紙幣の意味は、対仏戦争援助のために、国王ウィリアム三世に貸し付けた融資がきっかけでした。その見返りに、銀行券の発行を独占する株式会社の結成が許可されるのです。この場合、紙幣は王の借金の返済手形の意味をもっていました。王は、その融資をついに返済せず、かわりに、イングランド銀行は大量の銀行券を印刷し、それが国家紙幣へと発展してゆきました。

最初に負債ありきで始まったわけですね。

ビジネスの要諦《ようてい》は、安く仕入れて高く売ることだと言いました。

水とか、空気とか、農作物とか、狩猟漁労の獲物というものは、自然の純粋な贈与であり、これらの贈与が最初になければ、手工業製品も生まれません。自然からの贈与を利用したり、加工したりして人間は商品をつくり出してきたのです。

その意味では、自然を収奪して販売するというのは、ただで仕入れたものに値を付けて売るわけですから、丸儲けというわけですね。

ビジネスや、人間の行う交換関係について考えるときに、まず、確認しておきたいことは、第一として自然からの原初の贈与（人間の側から見れば負債）がなければ、何も始まらないということです。

自然の贈与がなければ、そもそも、人類の歴史さえも始まらないわけですからね。

ですから、やっぱり原動力なのです。負債というものは、ひとが生きて、生活していくうえでの原動力。最初に負債ありき。

そして、第二に市場がなければ、貨幣経済は離陸しなかったということです。

貨幣経済は、それまで見えなかった負債を、見えるようにしたのです。

そう考えると、合点がいくことが多々あります。

負債を返済したら、やる気も失せたというわたしの経験の素因も、そのあたりにありそうです。現代は、お金によって、負債関係が白日のもとに晒《さら》されているわけですね。

負債は、人間活動の原動力であると同時に、モラルという心的な概念を生み出す装置でもありました。これもかなりややこしい話なのですが、「借りた金は返さなくてはならない」という意識も、負債に対する人間の向き合い方が生み出したモラルだろうと考えられます。

モラルが先にあったわけではないのです。

言語において、完全な言語マップや文法が先にあったわけではなく、音声によるコミュニケーションが先にあり、事後的に言語マップが出来上がってくるように、まず、社会関係があって、その社会関係を説明したり、維持したりするために、モラルが後からやってきたと考えるのが自然なのではないでしょうか。

そう考えると、自然の贈与の恩恵で生きているイヌイットには、現代の等価交換のモラルは通用しないということにも納得がいきます。

さて、これから第1章で確認した原理的なことがらを、具体的な事例を参照しながら説明したいと思っているのですが、まずはわたしの体験談から。

負債はモラルの源泉である

このたびのわたしの借金返済は、目に見えた負債を消したということなのですが、借金を消した瞬間に本当にエネルギーもなくなってしまったのです。

それでいまないのですよ。やる気が。

本書く気もなくなっちゃったし。

めっちゃ、ない。

だからいま、この瞬間「わたしは借金のために生きてたんだな」とつくづくそう思っているのです。驚いたことに、負債は生きるエネルギーの源泉でもあるということです。

述べたように、人間は、生まれ出た瞬間から親に負債を負って育っていきますね。歩けるようになるまでずっと面倒見てもらうのですからね。

では、「その負債はどうするんだ?」ということになります。いつ、どのように返済するんだと。しかし、その親から子への贈与は、ほとんどの場合、意識に上らないし、誰も返そうなんて思いません。無償贈与なんですね。

返してくれって思いたい親も多いかもしれませんけど。

「誰のおかげで大きくなったと思っているんだ!」と思わず言っちゃう親父いますよね。

わたしも、似たようなものです。

でも、それを言っちゃあ、おしめえよということになっていますね。

親のほうだって、実はかれらの親から贈与されて今日ここにあるわけですからね。

いま流行りの言葉で言えば、ブーメランですかね。

でも、ブーメランは自分のところへ戻ってくるわけですが、生命の贈与は、親から受け取り、子に渡されなければなりません。重要なことは、子は受け取りを拒否することができないということです。

この親から子への生命の贈与は、順送りの贈与なんです。

贈与は、本来的には、第三者に再贈与されるか、順送りされるか、あるいは蕩尽《とうじん》されてしまうしかないのです。それは、わたしが言っているのではありません。密林でフィールドワークをした文化人類学者たちが見聞したものです。

親からの贈与は、まあ、返したくても返せないんですね。昔から言うじゃないですか。「親孝行したいときには、親はなし」って。

この点において、基本的には人間は、出自に対して責任は取れないんですよ。できることは、健康であること、一所懸命生きることとか、もっぱら、自分のために生きることで、ほとんどの親はそのことを願っていますし、それで十分だと考えているはずです。

贈与を拒否することができないのと同様に、返礼も原理的にできないんです。

拒否できないということ、つまりそれは、義務であるということなんですね。

あえて、返礼ということを考えるなら、親が年老いたときに、身体が不自由になった親の面倒を見るぐらいのことですね。法的にも、子どもを養育するのは「義務」だけど、親孝行は義務ではないんです。たとえば、現代の日本の法律では、介護は義務じゃないのです。

これって、ちょっと変じゃないですか。

子どもの扶養は義務だけど、親の介護は義務ではないって。

じゃあ、何でわたしは、親の介護を引き受けたんだろうと思うのです。

「親孝行だね」と、町内会のひとたちによく言われたんだけれど、わたしは別に親孝行しようと思って介護を引き受けたわけではありません。やはり、それは義務だろうと思ったからです。法律には書いていない義務というものが、この親の介護という場面で立ち上がってくるんですね。これは意外な感覚でした。この社会の制度的なところから出てきた義務ではなくて、もっと原初的な、人類史的な義務が、親の死に際に立ち上がってきたということです。

それをモラルといってもよいかもしれません。

まえに、モラルとは、社会関係以前に存在していたのではなくて、すでにある社会関係を説明するために事後的に生まれたのだと言いましたよね。

その意味では、ここでわたしが言っているモラルは、現代社会におけるモラルではないのです。等価交換というシステムを説明するためのモラルではない。

まるで、イヌイットや、アマゾンの部族社会に通じるような人間社会の古層に埋め込まれているモラルです。

助け合うのは当たり前であり、当たり前のことに対して礼を言ったり、返済を期待したりしてはいけないというモラルです。

ちょっと、混乱しそうですが、ふたつの相反するモラルがあるということなんですね。

古代社会におけるモラルと、現代社会におけるモラルは、まったく違うということです。

古代社会においては、人間が生きていくために必要なものは、基本的にただなんですね。それらは、自然からの純粋な贈与だからです。人間同士もまた、助け合うことは自然であり、そこに貸し借りの関係を持ち込んではいけない。感謝して、大切にいただけばよい。

こんな感じでしょうか。

生きていくために最低限必要なただのもの。

そうした贈与に対して人間がなしうるのは、感謝して、大切にいただくことしかないわけです。

この人間社会の古層に埋め込まれたモラルを現代風のモラルによって説明すれば、こうなります。

「モラルというのは、負債を等価交換とは別の仕方で、返済しなければならないという感覚から生まれてくる」

たとえば、戦後間もない時期の日本の家には、そこに居るはずの人間が居ないということが普通にありました。戦地から戻ってこない人間が、遺影としてだけ存在していたわけです。小津安二郎《おづやすじろう》の映画や、成瀬巳喜男《なるせみきお》の作品を観ていると、戦地から戻らなかった夫や、次男が、箪笥《たんす》の上に立て掛けられた「遺影」として登場します。この、そこに居るはずだけど、居ない人間たちが、作品全体に緊張感を与えているのを感じます。生き残った人間たちには、戦地から戻らなかった夫や次男に対して、とても大きな負債感があったのではないかと思うのです。かれらは、こうして生き残っている自分たちのために、死んだのだという感覚です。そして、かれらのためにも、みっともないことはできないという感覚があって、それが、戦後の日本人にある種のモラルをもたらしていたように思います。

両親の実家は埼玉県なのですが、鴨居には、先祖代々の写真が額に入って飾られていました。これなども、今考えると意味深いものを感じます。

死んでしまった人間から負っている借りを返すことは、現実的にはできないわけで、それを、かれらの視線を感じて生きるなかで、別のかたちで返済しようとしたのではないでしょうか。この場合、返済という言葉は適当ではないかもしれません。むしろ、負債を代々引き継いで生きていくということで、それはたとえば、「お蔭様」という言葉で今でも生きている感覚です。
わたしはそんなふうに、思います。
「荒地派」という詩人たちがいましたが、かれらも、戦地に散った同人たちの思いを、戦後の詩の中に綴《つづ》ったわけです。荒地の代表的な詩人である鮎川《あゆかわ》信夫は、自分を、遺言執行人であると位置づけて、いくつもの優れた詩を書きました。かれらは、本来は自分の責任ではないことに対して、それを自分の責任として引き受けるというところから、出発せざるを得なかったということではないでしょうか。

たとえば霧や
あらゆる階段の跫音のなかから、
遺言執行人が、ぼんやりと姿を現す。
——これがすべての始まりである。

遠い昨日……
ぼくらは暗い酒場の椅子のうえで、
ゆがんだ顔をもてあましたり

手紙の封筒を裏返すようなことがあった。
「実際は、影も、形もない？」
——死にそこなってみれば、たしかにそのとおりであった。

Mよ、昨日のひややかな青空が
剃刀の刃にいつまでも残っているね。
だがぼくは、何時何処で
きみを見失ったのか忘れてしまったよ。

［「死んだ男」部分　鮎川信夫］

「死にそこなってみれば」と鮎川は書きました。

なぜ、死ななければならなかったのは、自分（鮎川）ではなく、Mだったのか。Mと鮎川は入れ替わっていても不思議はなかったのです。

戦地から戻って、詩を書き始めた鮎川信夫は、もはや戦前のようには、気楽に詩を書くことはできませんでした。この詩の中にある、鮎川の最も親しかった友人M（森川義信［6］）は、戦地から戻ることはありませんでした。そして、鮎川はそのMの遺言執行人として、戦後詩を書き始めたのです。いや、鮎川たちが、同人誌である「荒地」を結成した理由のひとつも、おそらくは戦地から戻らなかったすべての日本人の遺言執行人として詩を書くという構えだったと思います。

小津安二郎や成瀬巳喜男の映画、詩人鮎川信夫の描き出したモラルは、現代風の義務とか、責任といったモラルとは違います。友人の死は、どう見ても鮎川の責任ではないし、戦地から戻らなかった兄弟についても、家族には責任はない。それなのに、かれらは自分の責任として引き受けようとしている。

まえに、古代社会のモラルと、現代社会のモラルということを言いましたが、かれらが感じているモラルは、むしろ古代社会のモラルのように古めかしいものです。

責任とは負うものであり、自分の自分に対する負債のことである

ここからは、しばらく責任について考えることになります。

責任を取るということについて話をする前に「責任ってなんなの?」ということを考えないといけませんね。

ところで、一時期、というのは一九九〇年代から二〇〇〇年代のはじめにかけてですが、「自己責任論」ということがやたらと言われるようになりました。わたしは、当時、何を言ってやがると思いましたね。そんなこと当たり前じゃないか。それをことさら強調することには、ものすごい違和感がありました。でも、ビジネス界隈《かいわい》ではなんだか流行語のようになっていって、九〇年代以降のグローバリズムの時代には、この「自己責任論」があちらこちらで、偉そうな顔をして闊歩《かっぽ》していました。そして、それは今にも続いています。「責任」というのは、あくまでも自分が負うものでしょ。ひとに押し付けるものではないし、だいいち、他者に向かって偉そうに投げかける言葉ではない。

そう、「責任」は負っているものなのです。

これまでの言葉を繰り返すなら、自分の自分に対する負債。それが、責任だということです。

だから、この自己責任という言葉を発している人間にとって、本来の責任という概念はほとんど頭の中に存在していないんです。ただ、「お前が悪いんだぞ」と言っているだけです。「お前、責任を取れよ」とは言っていないし、言いたくても言えないんです。とにかく、「俺には関係ないからな」と言っているわけですね。あるいは、政府も会社も、社会も、個人の境遇には責任などないというわけです。すべてが、当人の責任なのだと。

忘れちゃったひとが多いのですが、二〇〇四年、イラクで邦人人質事件というのがありました。そのときに、危ないとわかっているところにわざわざ出かけて行って捕まっているのだから、日本政府がこれを助ける必要はないんだという考え方が出てきた。つまり、「自己責任」なんだということですね。そういうことをしているのは「プロ市民」で、一般人ではないとも言われましたね。

わたしはもう、この考え方にあきれ返りましたよ。

いや、考え方にあきれ返ったというよりは、「自己責任」なんて言っているやつらは、「責任」取ったことないんだろうなと、直感的に思ったんです。

これまで考察してきた言葉で言えば、かれらには、本来の意味における「モラル」がないのです。もちろん、「モラル」には、様々な解釈があり、研究書もたくさん出ています。だから、何が本来の意味における「モラル」なのかを同定することは、難しい。しかし、どのような解釈に立ったとしても、「モラル」「道徳」「規範」というものは、自らの行動や思考に対する、自らの省察であり、反省であり、行動規範であって、他者に押し付けるものではないということでは、共通しています。

他者のこころに踏み入って、それを制御するのは強制に過ぎません。命令による強制です。

ましてや、他者に向かって、「自己責任」だと言うのは、いわば、自分たちも幾分かは分け持たなくてはならない「責任」を、すべて他者に転嫁《てんか》して、自分を安全地帯に逃避させることだとしか思えません。

自分で責任を取る人間、つまりはモラルのある人間はこんなこと言いやしません。

ところが、このころより、「自己責任」という言葉が、社会的弱者を国家が救済しないための言い訳として盛んに使われるようになりました。

たとえば、生活保護支給を受けているようなひとたちに対しても、そのような状況に陥ったのは「自己責任」なんだから不要じゃないかとくるわけです。

こうして、格差の問題が、自己責任論に回収されるような動きが出てきました。日雇いだろうが、コンビニのバイトだろうが、仕事などいくらでもある。就職活動もせず、怠けているからそうなるんだというのです。だから「生活保護なんて打ち切ってしまえ」「怠けものを国家が救済する必要などない」「生活保護受給者はフルスペックの生活ができると思うな」「生活保護受けておいて、パチンコなんてとんでもない」という議論まで出てきた。

これ、政治家だけではなく、ずいぶん立派な企業の経営者まで、こんなこと言い始めたのです。

この場合も、かれらの言い分に分があるかどうかという以前に、こういうことを言うやつは、信用ができないというのがわたしの印象でした。

ちょうど、（すべてを市場の原理にという）新自由主義的な考え方が、日本の産業界を席巻《せっけん》し始めたころです。

新自由主義というのは、簡単に言えば、市場の競争原理に任せるべきであり、政府が介入すべきではない。企業体も競争原理の働くように、できるかぎり民営化したほうがいいんだというものですね。

「自己責任」だけじゃなくて、「会社は株主のもの」だとか、「競争原理」だとか、「選択と集中」「ウインウイン」「スピード経営」「レバレッジ戦略」みたいな怪しげな一群の言葉が溢れかえった時代です。

この一群の言葉は、ひとつながりのもので、指し示しているのは、「弱者よ、お前が弱者なのはお前に理由があるのだ」ということです。弱者を救済するなんていうのは、所詮きれいごとで、世界の国々が厳しい競争をしているのだから、それに打ち勝つためには、無慈悲になる必要がある。まず、富めるものをもっと富めるようにする。そうすれば、余沢《よたく》が末端に滴《したた》り落ちてくる。そういう努力をしないのは、敗北主義であり、結局国を弱体化させてしまうことになると。

あとで言いますけど、こういうことを盛んに言っていた連中って、いざ自分が責任を取らなくてはならない局面になったときに、真っ先に逃げちゃうんですね。自分たちだけは安全な場所に身を置いて、弱者には「自己責任」だから自業自得なんだと言っていた連中です。

もし、「自己責任」論が自分の信念ならば、たとえ一人になっても、どこまでも「自己責任」で、誰のせいにもしないで、やれよと言いたかったですね。

ベンチャー投資の現場において、日本の銀行やベンチャーキャピタルが、キャピタルゲインを狙って出資したわけだけれど、損失が出ると、経営者に責任を押し付けようとしたり、投資を経営者から回収しようとしたりすることがありました。

わたしは自分でもそのような追い込みを受けた経験があるのだけれど、「自己責任」の本場のアメリカのベンチャーキャピタルは、さすがに「自己責任」だからと、潔い撤退をしていたと思います。実際には、そうでないのもありましたけれど、その場合でも最初の契約書には、投資リスクについての責任範囲が書かれていました。わたしに投資をしてくれた、アメリカ人の投資グループも、事業が立ち行かなくなったとき、ひとことも恩着せがましいことは言いませんでした。ただ、「長い間、ご苦労さん」と言ってくれましたね。

まあ、アメリカの新自由主義者たちが、自己責任論でやっているのは、ある意味で一貫性があったと思います。リバタリアンの伝統があって、自分の身は自分で守る。それが、自立した人間の尊厳ある生き方だということですね。

しかし、日本人が「自己責任」と言うとき、ほとんどの場合は、責任逃れの言い訳として使われたんです。リバタリアンの受け売りでね。

リバタリアンっていうのは、簡単に言えば、誰にも頼らないよというひとたち、つまり自由を重視するために、独立独歩の生き方を選択したひとのことです。自分の責任は自分で取るという態度を重視する。もともとは、そういう個人の生き方を指していたと思いますが、「自己責任」だとか言い始めてからは、自分の責任を回避することのほうに、重点が移っていったように思えます。

ある商品を売って、何かトラブルが起きたときも、「自分たちは自分たちの売る商品に対して責任を取りませんよ」というスタンスですね。証券会社なんかも顧客に対して投資は「自己責任ですよ」と言うわけです。

「自己責任」なんて言葉を使わなくとも、自分で欲かいて、何かやって失敗した場合には、「自業自得」だと言えばいいんです。

これは、自分が負っている責任は自分で果たすということですね。

わたしの場合も、ほとんど自業自得ですから、誰にも文句を言えませんし、言いません。リバタリアンの血がすこしは流れている。

しかし、紛争地域にストリートチルドレンを保護するボランティアで入って、自分が人質になってしまうのは、自業自得じゃありません。ましてや、それがジャーナリストであれば、仕事で行っているわけですから、なおさら自業自得なんて言えません。そういう場合、日本国民の生命・財産を守る義務があるのは、わたしたちが税金で運営している政府です。政府というのは、そういうためにあるのです。

だから、自業自得ではなく、困っているひとがいる場合、政府の責任で救済すべきなんです。

まあ、どんな場合でも「自己責任」なんて言葉、使わないほうがいいですよ。「自業自得」ってのも、あまりいい言葉じゃないですね。誰だって、自分を苦しめようとして、何事かをするわけではありませんから。

紛争地に入ったジャーナリストやボランティアは、自業自得じゃありません。責任感を持って入っている。自業自得ってのは、そういうもんじゃないです。

欲得がからんでいなければ、自業自得なんて言っちゃいけない。

わたしはもう自業自得を三十年やってきたからさ。

自業自得というのがどういうものかについては、わかっているつもりです。自業自得に関してはちょっと自信がある。

親が子どもの面倒を見るのは義務なのか

本来、人間というのは一人では生きられないわけで、一人では生きられないということは誰かに何かを負うているということです。つまり、負債を負った存在であるということ。たぶんそこのところから責任という考え方が出てくると思います。その責任というのは負債を返済する責任なわけですよね。

しかし、そもそもこの考え方自体が、まさに現代という時代を特徴づける考え方なのです。ちょっと、ややこしいんだけど、説明しましょう。

本来の贈与（つまり、贈与的な社会における交換）は、おそらくは返済（返礼）を期待してはいけないもの。返礼を拒むものなのです。だから、贈与交換というときに、そしてそれが、二者間における贈与と返礼という図式でとらえられてしまうとすれば、それはただの物々交換になってしまうわけです。本来の贈与交換とは別のものです。本来のというのは、マルセル・モースが言う全体給付のシステムという意味でということです。

物々交換というのは、商品交換の原初的な交換だと思われているかもしれませんが、純粋な物々交換などはあり得ず、交換が成立する時点で、それは商品交換、貨幣交換と同じなのだという考え方があります。わたしはその考え方に同意します。

交換する時点で、貨幣が存在していようがいまいが、すでに交換物の価値を計量しているわけで、その意味では等価交換をしているということなのです。だから、物々交換とは、前貨幣的な商品交換だということができます。

マルセル・モースが、マオリ族の習俗のなかで観察したり分析した、贈与の儀礼が指示しているのは、こうした商品交換とはまったく別の社会全体のモラルの在り方です。

モースの代表的著作である『贈与論』[7]には、こんなことが書いてあります。

> 仮にあなたがある品物（タオンガ）を所有していて、それを私にくれたとしましょう。あなたはそれを対価なしにくれたとします。私たちはそれを売買したのではありません。そこで私がしばらく後にその品を第三者に譲ったとします。そしてその人はそのお返しとして、何かの品（タオンガ）を私にくれます。ところで、

彼が私にくれたタオンガは、私が始めにあなたから貰い、次いで彼に与えたタオンガの霊（ハウ）なのです。（あなたのところから来た）タオンガによって私が（彼から）受け取ったタオンガを、私はあなたにお返ししなければなりません。私としましては、これらのタオンガが望ましいものであっても、望ましくないものであっても、それをしまっておくのは正しいとは言えません。私はそれをあなたにお返ししなければならないのです。それはあなたが私にくれたタオンガのハウだからです。この二つ目のタオンガを持ち続けると、私には何か悪いことがおこり、死ぬことになるでしょう。

［著者、一部省略］

この部分は、マオリ族の情報提供者の話として記されているのですが、とても興味深いことが書かれています。何かを贈与された場合、受け取りを拒否することはできず、受け取ったら必ず、第三者に再贈与しなくてはならない。そうせずに退蔵すれば、災厄に見舞われ、場合によれば死んでしまうこともある。

あらゆる贈与物（タオンガ）には、贈与霊としてのハウが付いており、贈与されたもの自体に意味があるのではなく、このハウが人々のあいだを行き来することで、社会全体に秩序や調和が生まれるというところに、話のポイントがあるように思えます（ここから、「不幸のチェーンメール」を連想した方、まったくの別物です。贈与と再贈与の連鎖は、全体の秩序と調和のためのモラルが駆動するシステムであり、不安を煽り立てる悪意のある遊びではありませんからね）。受けた贈与を第三者にパスするということが、この話のポイントなんです。そうすることで、共同体を維持存続してゆくための全体給付のモラルが実現するということです。だからこそ、受け取りを拒否することはできないのです。受け取ることは義務である。

ここのところは、現代の等価交換のモラルとはまったく違うところです。

モースは別のところで、「与えることを拒み、招待することを怠ることは、受け取ることを拒むのと同じように、戦いを宣言するのに等しい」とも書いています。

で、もう一度現実の話に戻れば、親が子どもの面倒見るって、あれは、何か取引ではなくて、贈与でしょ？　無償の贈与であって、どこにも交換的な意味はない。だから、反対給付を期待していないわけです。しかし、育った子どもは、親になって、自分たちの子どもに対して、同じように無償贈与を行います。つまり、これはマオリが第三者に贈与するということを、時間軸のなかで実践しているということになる。

現代社会のなかにも、全体給付贈与のモラルがあちらこちらに残り続けているのです。もし、それがなければ、社会はギスギスとした債権者と、債務者の集合体になってしまいます。

3・見え隠れする贈与

——消費社会のなかのコミュニズム

モラルとは、生き延びるための共同規範

さて、産業そのものだって、自然の贈与みたいなものが最初になければ、成り立たない。古代社会のように、その自然の贈与の範囲の中で生活をやり繰りしているのであれば、問題にはならなかったことが、現代社会においては様々な問題を引き起こすようになりました。とりわけ、自然そのものを破壊してしまうようなことが起き始めています。開発過剰による環境破壊や、公害といった問題です。そうした目に見える問題だけではなく、モラルや経済システム、社会システムも変調をきたすようになっているように思えます。

人間というのは、必要以上に自然から収奪し、貯蔵し、他の商品との交換材として利用することで、商売にしたわけです。マオリの贈与の霊からすれば、現代人、資本主義的なビジネスマンたちはとんでもないことをしているわけです。

マオリの情報提供者に言わせれば「そんなことしていると死んじゃうよ」ということですよね。

商社なんて、買い占めをして価格を吊り上げるなんてことを、日常的にやっていたわけ

なんですからね。

これは、すこし前の話ですよ。

今の商社は、オイルショックやロッキード事件のころの商社とは違います。

どう違っているのかは、よくわかりませんが。

最近は、商社とも、お付き合いがなくなってしまいましたので。

あれ？　何の話をしていたんだっけ。脱線してしまいましたね。

脱線ついでにさらに話を進めると、グレーバーの『負債論』の中で面白かったのが、どんな社会でも、共同体の中を貫いている原理というのは共産主義なんだ、コミュニズムなんだと言っているところです。ゴールドマン・サックスの中にも、コミュニズムがあるんだと。

どんな強権的なヒエラルキー社会の中にあっても、日常行動の基本にあるのはコミュニズムであると。

どういうことかというと、たとえば職場で、「ちょっとそのボールペン貸して」って言うでしょ。「貸すけど、見返りは？」なんて言いませんよね。「コピーしてくれない」とか、「お茶いれて」とか。食卓では「そこのお醤油とって」と普通に言いますよね。しかし「とってあげるけど、高いよ」なんて言わないじゃない。

メンバーの誰かが困っていれば、話を聞いてあげる。

親や兄弟にご不幸があれば、香典を包んでお葬式に出席する。

それは、一見、弱肉強食の原理でシノギを削っているかのようなヤクザの社会でもおんなじだと。

どんな極悪非道なやつでも車に轢《ひ》かれそうな猫がいると思わず助けてしまうということがあるわけじゃない。基本的には相身互いというか助け合うということがあって、それが社会の中に組み込まれているからうまく回るわけです。

それは人間がひとりでは生きられないということの裏返しなんですね。だから、人間は共同体をつくる。共同体の内部においては、それがどんなに、強権的、抑圧的なものであっても、相互扶助的な原理が働いています。それがなければ、共同体というものは、そもそも秩序を保っていけないし、平和に運営してゆくことができずに、やがては崩壊してしまいます。

現在の社会というのは、ある意味で、まったく世知辛《せちがら》く、損得勘定ばかりが幅を利かせているわけですけど、まがりなりにも秩序が保たれているのは、そこに、相互扶助的な原理が働いているからだとわたしは思います。

アメリカの会社では、入社契約時に、ジョブ・デスクリプション（職務定義）を渡されて、そこに書かれていない「コピーとり」や「お茶くみ」はしないということが言われていましたけど、わたしの経験では、そうとばかりは言えないなと感じましたよ。小さな相互扶助は普通に行われていましたから。

批判するにせよ、擁護《ようご》するにせよ、金銭合理主義や、等価交換、自己責任の世界ばかりが、あまりに強調され過ぎているように思えます。

まだまだ、相互扶助は健在なのです。

まあ、それでも、とても小さくて、ささやかな相互扶助しか、生き残っていない時代になっていますけどね。

「能力に応じて働き、必要に応じて受け取る」は、マルクス主義の基本ですが、小さなコミュニズムは、現代の超資本主義の時代においてもあちらこちらに生き残っている。

小さな相互扶助は、ほとんど無意識で行われている。

皆が「自己責任」だとか言い出したら、その社会はもはや共同体としては、崩壊しているということだと思うのです。だから、九〇年代以後、盛んに「自己責任」とか言われ始めたとき、わたしは、社会全体が壊れ始めているんだと感じたんだろうと思います。社会全体が崩れるというのは、社会の秩序を支えているモラルが崩壊し始めているということなんです。

ここで言うモラルというのは、盗んではいけないとか、不倫はひとの道に反するとか、そういう倫理的な善悪とか、法的な規範のことではありませんよ。もっと、原初的な、人間が生き延びていくための、共同的な生存規範のような意味で言っているのです。

まえに、エミール・バンヴェニストの語学研究のところでご紹介した、原初的な「義務」こそ、ここでわたしが言いたいモラルです。これがなくなってしまうと、人間の社会が壊れて、やがては滅びてしまう。モラルが崩壊し始めるということと、人間社会が崩壊し始めているというのは、ほとんど同じことなのです。

そして、この原初的なモラルのほころびが社会のどこに出てくるかというと、唐突なようですが、言葉遣いの中に、まず出てくるんだろうと思います。本来的には、言葉は他者との共生を前提にして交換されるものです。言葉に対する相互の信頼があって初めて、人間同士の交通が可能になります。

その意味では言葉は貨幣に似ているのですが、決定的に違うのは、貨幣は商品交換のための道具であるのに対して、言葉は、もともとは贈与のための道具だったということです。

母親は、赤ん坊が言葉を理解する前から、一方的な贈与として言葉を投げかけます。子守唄を唄って子どもを寝かしつけます。危険なことをすれば、声をあげて叱りつけます(この時点で子どもは、まだその意味を理解していません)。

そして、赤ん坊が初めて言葉を発するとき、その言葉とは、母親が子どもに贈与した表現手段であり、表現方法と同じものになっている。

母親は、自分のことを「ママはね……」と言って子どもに語りかける。自分のことだから、「わたしはね……」と言うべきところを、子どもの目線から、子どもに語りかける。それが、言葉による子どもへの、言語習得の贈与でなくて何なのでしょう。

貨幣と言葉の違いは、ほかにもあります。貨幣は、それが偽札でない限りは、それが流通している地域においては、誰に対しても同じ価値基準を表現します。同じ交換価値として機能しています。

一方、言葉はそれが嘘であるか、本当であるか、傍《はた》からは、見分けがつきません。

相互に信頼し、相互に扶助し合う共同体の内部においてのみ力を発揮するものであり、異なった共同体や異人種とのあいだでは、言葉はときに敵対のための道具になってしまうことがあるのだろうと思いますね。

外国人が隣にいるときに、言葉が通じないと思って、悪口言っちゃうことって、あるじゃないですか。

「自己責任」とは、まさに、ひとつの共同体の内部が、分断され、敵と味方に分別されたときに発声される敵対的な言葉なのです。

社会の分断がこのような言葉を生み、言葉がさらに社会を分断してゆく光景をわたしたちは目の当たりにしているように思えるのです。

等価交換とは、負債関係を断ち切ることである

贈与的な社会について考えるうえで、ここで、反対概念としての市場経済というものを考えてみましょう。

市場経済について考えるというのは、お金について考えるということと同じです。お金に縁の薄いわたしが、お金について考えるというのも皮肉な話なんですけど。やはり、どこかに、お金に対する愛憎のようなものがあるんでしょうね。どこかで、一度決着をつけなくてはと思うのです。誰でもそうでしょうけどね。

そりゃ、お金は欲しいです。現代において、お金の力というものは、他の何物よりも大きなものですからね。

お金があれば、暮らしやすい家も、高級な背広も買えるし、分厚いステーキも食べられます。いや、それだけではなく、ひとの心も、買えるかもしれない。

本当は、ひとの心なんかどこにも売ってはいませんし、およそお金で買えるものなんて限られているのですが。

でも、わたしは、お金が欲しい最大の理由は、お金の現実的効用ではないと思っています。お金持ちであるというシンボリックな意味のほうが大きいんじゃないのかな。それこそ、その日暮らしのひとにとっては、お金は生きるための効用そのものですが、すでに大金を持っているのに、お金を欲しがる人々がいる。威信とか、名誉とか、ステイタスとか、そういうシンボリックなものも、お金で買うことができる。買うことができるというよりは、お金そのものが威信であり、名誉であり、ステイタスの象徴なのです。だから、支払いなしで、それらのものを手にすることができる。

結果として、お金には万能の力が宿っていると信じられることになる。だから、誰もがお金を得たいと考える。有り余るお金があるのにもっと欲しいと思う。このお金への信仰がなくなった瞬間に、お金の交換価値としての機能も失われます。

ハイパーインフレとは、直接的には、お金に対する信仰が一気に消え失せることによって起こる現象です。なぜ、信仰が消えるのかについては、経済学者におまかせしましょう。

ところで、お金を得ることによって、何かを失うこともまた真実らしいのです。その反対に、お金を失って得るものもあるかもしれません。

とにかく、お金については、考えることがたくさんあり過ぎて、どこから語り始めたらよいのかわからないほどです。

いろいろ考えて、これまでの文脈で言うならば、お金というのは、いったい何のために考案されたのかということから始めたいと思います。お金の無い時代というものは、あったし、現在でも部族社会には残っています。

では、そういう社会の人々の暮らしをつないでいたものは何かといえば、それは、これまでも考察してきましたが、端的に言えば一人ひとりの負債関係だったということですね。こちらは、信仰ではなくて、信用ですかね。

足りないものを仲間からもらったり、あるいは仲間で分け合ったりするのは、共同体の仲間への信用があるからだろうと思います。

一人では生きられないということは、ひとは誰も、他なるものに何かを負って生きているということです。贈与と返礼という交換関係もまた、それが等価交換でない限り、どちらかが負債を負った状態のまま、贈与返礼を繰り返しているということになります。このポトラッチと言われる習慣は、今でも普通に残っていますよ。

たとえば、お見舞金やお祝い金に対して、半返しという習慣がありますね。つまり、これは負債を一方の側に残したまま関係を続けるということをお互いが暗黙の裡《うち》に了解しているということです。だから、関係を続けていくためには、返礼は等価ではいけないのです。より多くか、より少なく返礼をする。だから、この贈与返礼の相対関係は継続してゆくわけです。

こうしたことからも、等価交換の道具であるお金とは、結局何だったのかが示唆されます。つまり、お金とは、関係を断ち切るための道具として登場したということなのです。まえに、お金とは、交換の速度を上げるための道具だと言いましたよね。それと同時に、関係を断ち切るための道具でもあるのです。

お金 ＝ ・交換を促進する道具
　　　　・関係を断ち切る道具

この二つの、一見何の関係もないようなことがらのなかにこそ、お金の秘密が隠されています。

交換を促進するためには、関係を絶えず断ち切る必要があったのです。関係を断ち切られても生きていけるようにするためには、お金が必要だったのです。

お金を払うことによって、負債関係が断ち切られる。負いつ負われるという関係の無限連鎖を終了させるためには、等価物を返さなくてはならない。等価物を返すことで、相対の関係が終了する。じゃあ終了しない関係というのは何かというと、その逆です。お金が介在しない贈与関係なんですよ。

贈与関係 ＝ ・交換を禁止すること
・関係を継続させること

ちょうど、貨幣経済と反対のことが、贈与的な経済を支えているのです。

交換を禁止なんてしていないじゃないか、と言わないでください。マオリの報告者は、返礼を贈与者に直接返してはならないと言いましたよね。やはり、相対的な交換を禁止しているのです。

これで、かなり、貨幣経済と贈与経済の違いが整理されました。

顔のない消費者の登場

ここから先がなかなかややこしいんだけど、近代社会というのは、贈与経済的な地縁、血縁の共同体原理を乗り越えるところから発展してきたものなのですね。

日本の場合は、近代化が始まる以前は、地縁・血縁を重視する傾向は強かったように思います。

戦前の日本は、長子相続の大家族が主流でした。そこには、今わたしたちが言う、プライバシーもなければ、それを必要とする個人という概念もほとんどなかったと言ってよいだろうと思いますね。だから、全体主義へ傾斜してゆく時代に、個人主義的な思想を根拠にして抗《あらが》うことができたのは、主として西欧思想について学知のある知識人や、一部の政治家でしかありませんでした。市井の人々は、治安維持法下の弾圧に対しても、それを恐れはしましたが、反抗の声はあげなかった。むしろ、すすんで密告に協力したものも多かったのです。

個人の概念、人権概念というのは、わが国においては、言うまでもなく戦後、GHQによってもたらされたものだと言えます。憲法二十四条[8]は、第一項で結婚の自由、夫婦の権利の同等を謳《うた》い、第二項で個人の尊厳と両性の本質的平等について謳っていますが、これはGHQ民政局に所属していたベアテ・シロタ・ゴードンの強い意向によって実現したといわれています。

戦時中、日本人は天皇の赤子であり、国体を護持するために一身を捧げるといった思想を骨の髄まで叩き込まれていた。当時の日本人において、市井に生きる人々が人権という概念、個人という概念にまったくなじみがなかったということは、不思議ではありません。では、個人に代わり得るものが何かあったのかといえば、それはおそらく、家族であり、イエであったというのがわたしの考えです。多くの研究者もそのように考えているのかもしれませんけど。

ただ、重要なのは結論ではありません。なぜ、日本人はイエをこれほど大切なものと思うようになったのか。そして、その考え方はどんな経緯を経て、希薄になっていったのかというプロセスのほうが重要です。

戦前戦後の日本経済と、人口動態の関係を調べていて突き当たったのが、日本人のなかにある強固なイエ思想の存在でした。

詳しくは、拙著『移行期的混乱』『「移行期的混乱」以後』をお読みいただきたいのですが、まあ、読まなくても構いません。その本で述べているのは、日本の場合の人口減少の原因のうち、最も重要なのは、戦後の相対安定期に起きた権威主義家族の崩壊であるということです。もちろん、それはわたしの仮説に過ぎませんが、権威主義家族のなかで育ってきた年代の方々には、経験的にも思い当たるふしがあるのではないでしょうか。

わたしが強調したいのは、日本人にとっては、イエが、人々が自己同一化していく最小の単位であり、イエの存続が最も重要な生きる目的であったということですね。だからこそ、天皇制ファシズムは、日本という国家を大きなイエとして譬え、長子相続権によって代々受け継がれてきた家父長の地位に天皇がおり、人々はその赤子であるという考え方でやってこれたんじゃないか。会社も、町内会のような組織も、高等学校や大学の体育会組織も、基本的には長幼秩序、権威主義家族、イエのモデルでやっています。その残滓《ざんし》はいまでも、会社組織や町内会や、体育会のなかに、隠然として残り続けているわけですね。

それを、もともと権威主義家族形態とは異なる家族形態を持っている中国（外婚制共同体家族）や、ベトナム（同上）に押し付けようとしても無理があるのは当然なのです。

日本では、お家のためとか、会社のためってよく言ってきたのですけれど、その意味は、会社のメンバーになるということは、イエや会社に何かを負っていることを了承したということなのだろうと思います。あるいは、イエや会社に対する責任を負う宿命を引き受けなければならなかったということです。

近代化とは、こうしたイエの秩序が崩壊してゆくプロセスでもあったわけですね。西欧の場合には、市民革命が近代化のバネになりました。市民革命を経なかった日本に、本当の意味で、近代化の波が押し寄せるようになるのは、高度経済成長以後の時代ということになるだろうと思います。

八〇年代ごろから、徐々に日本の伝統的な家族が解体し、人権意識も高まっていったのですが、これを牽引《けんいん》したのは、西欧流の人権思想や、平等主義的なイデオロギーではなく、高度経済成長が生み出した「消費者」の出現ではなかったかというのが、わたしの仮説です。日本全体が、消費化してゆく時代背景のなかで、お金というものの万能性が強調されるようになったのです。

消費者には、顔がありません。どのくらいのお金を持っていて、何を欲しがっているのかということで、意味づけられるアノニマスな存在です。消費者には、権威主義的家族主義が持っていた、いかなるしがらみも、効力を持ちません。

消費者の行動を特徴づけているのは、まさに、まえに述べた、関係を断ち切ること、交換を促進することなのです。

お金というのは、負う、負われるという関係を断ち切る道具です。日本全体が消費化してゆき、一億総消費者になったところで「何だかんだいったって、すべてお金が解決してくれるだろ」という信仰が完成されました。

消費者の増加と、お金の力が増加することは、ほとんど同じことを指しています。

消費者というのは、貨幣経済が始まったときから存在していたはずですが、もともとは、商品交換の場（市場）でしか顔を現さない存在でした。しかし、あるところから、急激にその存在感を増してゆき、共同体全体が消費者の集団として、認知されるようになっていったわけです。

八〇年代のバブルの時代は、その典型的な姿でした。お金があれば何でもできる。ハワイもアメリカも買えちゃうかもしれない。しかし、お金がなければ、何も手にすることができない。きれいごと言ったって、何も解決できない。結局、金の切れ目が縁の切れ目でしょと。「最後は金目でしょ」ってテレビで言っちゃった、大臣いましたよね。

こうした、金銭至上主義的な考え方をする人間が、八〇年代以降、大量に発生してきたと思います。もちろん、これは日本人の頭の中の話なので、データによる実証はできませんが、わたしの経験では確かにそういうことが言えると思っています。

消費者は、お家にも、会社にも、何も負ってはいないのです。生まれながらに負っているものなどない。ただ、交換によって、そこに貸借関係が生まれ、それを決済することで関係を断ち切る。

そして、その先にあるのは、会社でも共同体においても、お金を支払った消費者に対して、等価分の商品や、サービスによる返礼義務を負っているというような、関係の逆転です。お客様が神様になった。社会も学校も、受益者負担であり、負担分を支払ったものには、当然のように等価物を返済しなくてはいけないと考えるようになるわけです。

消費社会の隆盛によって、すべての価値観が、市場原理によって計測可能であるかのような幻想が日本全体を席巻しました。そして、そういった幻想を支えたのは、言うまでもなく、なにものにも縁で結ばれていない顔のない消費者でした。

消費社会とは、アノニマスな消費者が、経済の主役になっている社会です。

市場とはまさに、網野善彦の言う「無縁」の場であるわけで、そこは旧態依然とした地縁血縁的なつながりや、長幼秩序といったものが意味を持たない自由空間です。市場原理とは、まさに「無縁」の原理であり、「無縁」の原理のもとで、唯一、人間関係を取り持つのがお金なのです。

お金とは、負債関係を解消する道具であると言ってきましたが、まさに、等価交換の瞬間だけ関係を結び、それが終われば、関係が終了する。逆に言えば、関係を終わらせるためには、当事者間の負債関係を清算しなければならない。

しかし、そこでの人間関係は、商品交換がつくる人間関係であり、地縁・血縁・上下関係といった社会的関係ではなく、単なる商品交換が生んだ貸借関係でしかありません。消費者が社会の中心を占めるような時代になれば、商品交換の価値観（市場原理の価値観）が蔓延するだろうことは、想像に難くありません。

いまの商品交換の社会、これはどんどん複雑な関係性をつくっていっているように見えるけれど、実は単純な売り手と買い手の決済関係があるだけです。それが複雑に見えるのは、あらゆるところで清算が行われ、負債関係でつながっていた個人個人をバラバラに分断して、絶えず、「縁」による関係性を断ち切っているからなのです。

地縁や血縁あるいは兄弟盟約的な関係性が無ければ、他者に対して贈与するという気持ちも無くなっていきます。何か問題が起きても、問題の責任を誰も引き受けようとはせず、「それはわたしのせいじゃないよ」と他者に責任を転嫁することになります。

交換関係のなかでは、人間としての責務や倫理観までもが、損得勘定のなかで計量されるようになるからです。

「あっしには、かかわりのないことでござんす」と木枯《こがら》し紋次郎《もんじろう》は言いましたけど、あれは、まさに地縁・血縁の社会から疎隔され、疎外された人間であるというふうに、自己規定した人間の言葉なのです。

現実には存在しないけれど、作家が創造した「江戸時代の個人」なんですね。

現実の社会のなかで、誰もが紋次郎のように強く、冷淡にはなれません。しかし、紋次郎だって逆説的に贈与的な精神が横溢《おういつ》した人間であったわけです。「かかわりがない」と言いながら、事件にちょっかいを出して、弱きを助けてしまうんですからね。

皮肉なことに、長期にわたって縁故関係が社会の秩序をつくっていた日本人は、この縁故関係を破壊することで戦後の高度経済成長を実現する消費者に姿を変えていったのです。

近代化以前
＝
・共同体モデル
・相互扶助原理
・縁という負債関係でつながっている社会

近代化以後
＝
・消費者モデル
・等価交換原理
・金銭的な負債関係を絶えず更新する社会

交換の「場」の崩壊

本来は、交換の利便性を向上させる道具に過ぎなかった貨幣の力が、消費社会の到来によって圧倒的なものになっていきました。

もちろん、社会のすべてが、消費だけで説明できるわけはないのですが、経済発展のプロセスのなかで、人々の関心は生産から消費へと移り、何を持っているのか、どんな服を着ているのか、どんな家に住んでいるのかということが、人物評価の基準であるかのような様相を呈するようになりました。貨幣が力の代名詞のようになったのです。

ところで、日本における個人の概念は、革命や公民権運動のなかから出てきたのではなく、「カネの前では誰もが平等」という市場の原理から生まれてきたことに注意する必要があります。

「カネの前では誰もが無力」と言い換えてもよいかもしれません。

人間は本来平等であるべきであるという人権意識による平等ではなく、いかなるしがらみも、カネによって清算可能であり、カネの力の前では、誰もが平等にならざるを得ないというわけです。

もちろん、どのようなところから生まれてきたにせよ、個人という概念が生まれることは、進歩です。しかし、この消費社会をモデルとした進歩は、社会秩序という観点から観れば、負の側面も浮き彫りにしていったといえます。

負の側面とは、言うまでもありませんが、モラルの変質と貧富格差の拡大です。

以後、何度か、このモラルについては言及することになるでしょうが、日本社会におけるモラルの転換について、簡単に素描しておくことにしましょう。祖先や親戚からの視線の圧力が生み出した生活上の規範が古いモラルだったとすれば、新しいモラルとは、貨幣の前では誰もが平等であり、自由であるということでした。しがらみは隷属関係であり、隷属関係から自由になるためには、お金がつくり出す等価交換関係を前面に出す必要があったということですね。

サービスの提供者と享受者によってつくられる商品交換のモデルは、相互扶助的なモデルがつくり上げてきたものとは違う、新しいモラル（等価交換のモラル）を必要としたのです。

つまり、商品交換の秩序を維持するために、「借りた金は返さなくてはならない」というモラルが生まれたということです。

ところが、ミレニアムを過ぎたころから、社会が老齢化し、貧富格差や地域間格差が拡大する現象が顕著になってきたのです。社会の中に「等価交換」の原理、「自己責任論」の原理とは別のものを入れていかないと、この社会そのものが崩壊してしまうという新たな懸念が生まれてきました。

交換の「場」の崩壊です。

『経済の本質』[9]を書いたアメリカの作家、ジェイン・ジェイコブズは、その作品の中の登場人物のひとりにこんなことを言わせています。

「自然淘汰による適者生存には表と裏の二面がある。そう提唱したいわ」

「この二つはどちらも同じように重要よ。ひとつは採食と繁殖での競争の結果もたらされるものだわ。これは従来の進化論によれば適者生存の自然淘汰を説明している。現代の進化論者はこの概念に運、不運といった偶然性を加える。適者を繁殖での成功者と定義する理論の極端なものが〝利己的遺伝子〟説よ——遺伝子は生存したり繁殖する競争衝動に突き動かされており、その遺伝子をもつ生物は遺伝子の繁殖を促進するための媒体にすぎないという見方なの。
　この見方はあまりにも単純すぎると思うわ。ダーウィン自身が成功を競争での成功だけに限定して狭く考えたことも同様に単純すぎる。この見方は、生息地の維持に成功することが進化の過程で重要なことを考慮していないわ。競争することと競争する場を保つことの両方が必要なのよ。自然淘汰による適者生存にはこの両面があり、それは調和しながら作用していかなければならない。どちらも他を害することはできない。その罰が生存への不適応だわ」

〔一五三～一五四頁、傍点筆者〕

ジェイン・ジェイコブズのここでの議論は、ダーウィニズムをめぐる、生物と環境との関係についてのものなのですが、貧富格差というものの危うさを考えるときの参考になります。

　市場は、わたしたち現代人にとっては、生息地でもあるのです。その生息地からこぼれ落ちてしまえば、たちまち行き場所を失うことになります。行き場を失ったものは、はぐれものとして野たれ死ぬしかありません。それを繰り返せば、種そのものが存続の危機に陥ってしまい、生息地としての市場も意味を失います。

貧富格差は、経済の結果です。しかし、この結果は、自然に生まれたものではありません。市場原理主義的な経済の結果というべきでしょう。もちろん、格差のない社会というものは、地上に存在し得ないものであることは承知の上でのことです。

しかし、格差があまり過酷なものにならないための仕組み（セーフティーネット）が機能せず、市場原理主義的な経済を放置したままにしておけば、悲劇的な結末が待っているといわざるを得ません。

現実には、セーフティーネットはうまく機能しておらず、労働者の非正規化が進み、個々人は分断され、孤独化が同時に進行しています。老齢化がそれに拍車をかけている。

消費社会の怖いところは、「プロレタリアート」が団結したくとも、個々に分断されてしまっているということです。生息地からはぐれてしまった獣《けもの》と同じです。

市場経済の最先端であり、世界で最も豊かであると考えられているアメリカの空港の外で、行き場を失って、ゴミ箱をあさっている路上生活者を見かけることが多くなりました。

わたしは、かつて、栄えていたチャイナタウンが年々寂れていく光景を目にしました。最近は現地に行っていませんのでよくわからないところもありますが、どうなんでしょうか。アメリカまで行かなくとも、東京の町中《まちなか》で、段ボールにくるまって生きているひとを見かけます。かつての商店街が、シャッター通りになっている地方都市が増えています。

なぜ、貧富格差を放置できないのかは、格差に起因する飢餓や差別、孤独化が人道的な問題を引き起こすからだけではありません。そもそも、格差を含んだ社会全体が、格差の過剰によって崩壊してしまう恐れがあるからです。やがては、生息地としての消費地が死んでしまうからです。シャッター商店街は、まさにその端緒的な姿のように見えます。

わたしたちの社会を存続させてゆくためには、空間的な「場」だけではなく、共同体という心的な包摂の「場」が必要であり、格差の拡大は心的な「場」の共同性も破壊することになるかもしれません。

経済が右肩上がりのときは「自己責任」だけでもやっていけました。全体のパイが大きくなっているので、社会の持つ脆弱さが、隠されてきたからです。

絶対的な貧困、マルクスの時代のプロレタリアートというものを、現代の、たとえば日本やアメリカの社会の中で見つけ出そうとしても、なかなか難しいですよね。もちろん、前述したように路上生活者はいますし、世界中のどの資本主義国にも存在しますよ。でも、先進国においては、富の一極集中が起きており、社会に不公平感が充満してきています。右肩上がりの時代に出来上がった中流階級の没落が始まり、社会が分断される結果になっています。

こうした問題は、社会全体の経済が右肩上がりの時代には、大きな問題にはならなかったかもしれません。競争原理が、生産性向上の原動力のように言われていましたよね。だから、競争に負けるものがいることを、社会も許容していたんです。右肩上がりの時代の競争は、より多く勝つものと、より少なく勝つものを生み出すけれど、完全な敗者というものはそれほど多くはなかったと思います。かつて、OECD（経済協力開発機構）のレポートで、経済成長はすべてを解決するというのを読んだことがありますが、多くのひとが、それを信じていたのです。ところが、ここにきて、経済成長があやしくなってきています。

株式会社をはじめとして、年金も、保険も、社会経済が右肩上がりであることが前提であり、『人口論』を描いたマルサス[10]の時代には、まさか、人口減少が問題になるなどとは、誰も考えていなかったのです。

産業革命以後、先進国世界での交換の頻度は一気に高まり、産業資本主義は、法人資本主義、消費資本主義の時代になりました。総体的に見れば、文明は進展し、人々の暮らしは明らかに向上したわけです。

人類史が、そうした段階に至ったということは、素晴らしいことだったと思います。しかし、歴史はそこで終わるわけではありません。

文明の進展のなかで、なぜか、先進国内部で、経済格差が拡がり、地域間格差が拡がり、共同体が破壊されるということが起きてしまっているのです。その、「なぜか」を解き明かしていかなくてはなりません。

眼をグローバル社会に転じてみれば、豊かになったと言っても、絶対的貧困や飢餓の問題が解決されていないことはすぐにわかります。

中心と周縁の問題

グローバリズムの進展は、国家間の格差を拡大しているともいえます。

ある意味では、先進国の豊かさは、開発途上国の犠牲の上に成り立っている、いや、そうした犠牲の上でしか成り立たないものなのかもしれません。

先進国を先進国たらしめている利潤の源泉には、中心と周縁という二つの、価値尺度の異なる地域が存在している必要があったのです。それは、遠隔地貿易の時代から、ずっと続いていますよね。

中心と周縁の問題は、一国の内部にも起きています。

中心が消費地として繁栄するためには、生産地である地方との経済的差異が必要でした。

本当は、中心が繁栄すれば、周縁もその余沢によって繁栄すると目論《もくろ》んでいたのかもしれませんが、そうはならなかったようです。

中心の繁栄が危うくなるのは、ひとつには周縁の発展によって中心と周縁という構造的な差異が消滅する場合です。だから、この中心と周縁という構造をキープするためには、供給地は搾取され続けなければならない。全体のパイが増大しているときは、構造をキープしたままいくらかの繁栄の余沢があるのかもしれませんが、パイが縮小して、富の争奪が起きれば、富の産出基盤であった供給地そのものが消失してしまいかねません。

現在その経済的繁栄の中心を構成していた国々において、成長の停滞、人口の減少というこれまで経験したことのない変化が起きているわけですね。そして、先進国一国では、中心と周縁という構造が保てなくなっている。企業にとっては、死活問題です。そこで、大企業が、国家の壁を破って、グローバルな中心と周縁の構造から利潤を確保しようとしました。グローバリズムの始まりです。周縁国の廉価《れんか》な労働力を利用して、消費地で高く販売する。商売人なら誰もが、そう考えるでしょう。安く仕入れて、高く売る。

これ以外に、利潤の源泉はないからです。

ところが、先進国の発展のプロセスの中で、国内消費に陰りが出てきた。人口の減少も、総需要の減退に拍車をかけた。企業の内部留保は増えても、賃金が上がらない。家電などの電気製品市場は飽和して、買い替え需要以外は伸び悩みになっている。富の集中が進んで、企業淘汰が始まり、中小企業の倒産件数も増加している。就業率や株価など見かけ上の景気回復が、生活レベルに落ちてこない状態で、金融と実体経済が乖離《かいり》してしまっています。

先進国において、成長が止まったこれから先の時代は、生存競争だけではやっていけなくなるだろうと思います。分け合うとか、助け合うといったことがなければ、共同体そのものが、もたなくなってきているということです。

マルサスは、等比級数的に増加する人口に対して、算術的にしか増加させることができない食糧生産が追い付かず、食糧争奪の争いが起きるというディストピアを描き出しました。その予想は外れたかに見えました。

人口減少と低成長の時代はその逆に、食糧は余るが、格差が拡大して、社会が階層化し、持てるものと持たざるものに分断されるというもう一つのディストピアが実現してしまったのです。

長期的な右肩上がりの社会というものが、永遠には続かないことは誰もが予想していたことではありますが、その反動が、まさか人口減少としてあらわれるなどとは、ほとんど誰も予測できませんでした。

人口動態学についての知見があれば、すぐにわかることなのですが、いったん減少が始まった社会が、すぐに元の軌道に戻ることは考えにくいのです。現在の人口構成は、株価や景気のように、梃子《てこ》入れすれば改善するというものではないからです。今年生まれた一〇〇万人は、五十年後も人口統計の中に一〇〇万人マイナスアルファの数として顔を出します。アルファの部分は、統計的に予測可能です。ですから、かなりの長期まで、人口予測が可能になる。人口の減少は、そのままマーケットの縮小を意味し、総体としての経済もまた縮小へ向かいます。

超長期的な右肩下がりの時代というものがあるとすれば、それは崩壊に向かう社会です。人口がどんどん減少し、経済が縮小し、税収が減り、公共サービスが劣化し、地方都市から産業がなくなり、ひとが消えていく。すでに、そうした兆候はありますよね。ですから、わたしたちは、自分たちが生活して、生きている生息地を、何としても定常的な社会へとソフトランディングさせていく必要があるのです。

ところが、わたしたちは定常的な社会の原理というものを、ほとんど知らない。

産業革命以来、わたしたちは、成長してゆく社会しか経験してきてはいないし、成長を前提とした社会システムを築き上げ、経済成長社会がつくり出したモラルや、言葉遣いによって思考している。そのような思考回路のなかから、脱成長のイメージが簡単につくり上げられることは期待できないだろうと思います。

実際のところ、「定常的な社会」なんて言えば、それだけで、負け犬根性だとか、夢物語を語る理想主義者だと罵倒されることになります。

市井の床屋政談においてさえ、「しょぼくれたこと言うな、このやろう」となっちゃうのですから、困ったものです。定常的な社会とは、経済成長はないけれど、お金儲けに汲々《きゅうきゅう》としない、借金で窒息しそうにならない、ゆったりとした幸福な風が吹く社会かもしれないのです。

そんなお花畑みたいな国は、現実には存在しないと言われるかもしれません。

しかし、キューバとか、ブータンという国は、それに近いかもしれませんよ。あるいは、北欧型の福祉国家を思い浮かべてもよいかもしれません。

先だって、疫学者の三砂ちづる先生とお話をしていたら、キューバにおける「医療は無料」というシステムは人類の到達した見識のひとつだとおっしゃっていました。そして、キューバやブータンのように、まったく異なった体制であっても、国のトップが汚職をしないということは、国民にとってとても幸福なことだとも、おっしゃっていました。

もっとも、資本主義的な暮らしを求めて、キューバから亡命するひともいますし、ブータンでは国王の意図に反して、市場化が進み、混乱も進んでいるとも聞いています。

試行錯誤は、これからも続くでしょうが、どちらの国も、指導者が目指しているのが定常化社会であることには、変わりはありません。

まあ、日本人やアメリカ人は、あまりに過剰に流動化した社会に慣れ過ぎてしまっており、定常化社会というものをうまくイメージできないのかもしれませんね。

日本やアメリカだけではありません。

北極圏や、アマゾンやニューギニアの密林に生きている部族社会を別にすれば、定常化社会なるものがどんなものなのか、実際のところ経験したこともなければ、考えたこともないはずです。

相互扶助を唱えた空想的社会主義者や、トルストイのようなひとたちは考えたかもしれませんが、かれらにおいてさえ、それらは観念上の問題であり、経験していたわけではないのです。

定常化社会のモデルが、どのようなものになるのかについて、明確なことを言うことは難しい。でもそれは、現在の社会がこれから先どうなるのかを明確に言うことが難しいのと同じです。

わたしたちが、まったく予測もできない科学技術が、新しい生存の方法を教えてくれるはずだと考えているひともいるかもしれませんが、わたしはあまり期待していません。本当のところは、よくわからないのです。

本書の最初の部分で考察した、古代部族社会の全体給付モデルは、実際に存在していた定常化社会がどのようなものだったのかを探る、ひとつのヒントです。

そんな古色蒼然《こしょくそうぜん》とした経済モデルなんか、使えっこないだろうと思われるかもしれませんが、わたしたちは、現在の社会の中でも、様々な場面で、全体給付モデル、コミュニズムモデルを使っていることも、述べてきたとおりです。

老人を大切にし、使う

定常化社会を考察するうえで、鍵となるのが、これまでの繁栄を支えてきた一方の立役者である株式会社です。「一方の」と言う意味は、地方の生産者も、都市部の消費者も、労働者も、繁栄の役割を担ってきたからです。

ここでは、最も影響力の大きかった株式会社について、お話しします。

若くして成功したベンチャー経営者なんかが、よく「老人は使えない」とか言うじゃないですか。あれは全部、金勘定の社会の価値尺度からの発言なんですね。安い労働力で、生産性が高いことが、「使える」ということなのでしょう。こうした経営者に共通しているのは、弱肉強食の単純な世界観の持ち主だということです。「なにをきれいごとを言っているんだよ、現実を見ろよ」と言いたいのでしょう。あるいは「社会はタフなものであり、タフなやつしか生き残れない。金を稼ぐってのは、生半可《なまはんか》なことじゃできない。稼げるようになってから、理屈を言え」ですかね。

現実？　かれらはそのように現実を見たいんだなと思うだけです。

労働力とか、人材という言い方も、労働者をその生産効率だけで計量している響きがあって、あまり使いたくはないのですが、単純に労働力という視点だけで判断したとしても、これからどんどん人口が減っていくのだったら一粒の麦でも大事にしていかないとダメでしょ。わたしは、そう思います。

それとも、「人材」は、「人材の市場」で金さえ払えば、自由に、無尽蔵に購入し続けることができると考えているのでしょうか。しかし、すこし長期的な視野に立つならば、人口減少によって「人材」という「商品」が枯渇する可能性があることも考えておくべきです。

人工知能の発達によって、単純労働者は不要になり、人材が余りだすという予想をしている方もいますが、わたしにはピンとこないのです。人工知能の発達は、むしろ差別を助長する方向へ向かう危険をはらんでいます。いまでさえ、コンピューターに対するリテラシーがあるとかないとか言って、ひとを選別しているのですからね。

ですから、そうした予想よりは確度の高い、一億三〇〇〇万人の日本人人口が、向こう百年で半分以下になることが、何を意味し、どういうことが出来《しゅつらい》するのかを考えるべきではないでしょうか。

わたしは悲観的過ぎますかね。

でも、普通に考えるなら、老齢化がすすむ人口減少社会においては、老人を大事にしながら、「使い方」を考える必要があると考えますよね。みんなそれぞれが力を出し合っていくというかたちで、分け合って、生き延びていくやり方があるのだろうと思うのです。そのほうが、面白い。

他人同士が、知恵を分け合って、不足を補い合って物事をすすめていくってのは、マイナス面を見れば、もたれ合い、なれ合い、のような感じに思われるかもしれません。しかし、プラス面を見れば、共同体が生き延びていくための、知恵の集積がそこにはあるはずです。それを生かしていくのが、成長が難しくなった時代の経営者じゃないかと思います。

反対に、効率の悪いものは切り捨てていく。コストを最小化して、利潤を絞り出すことだけに腐心する。こうした、コストカットと選別の経営の先にあるのは、社会に対する責任の放棄です。コストは社外に付け替えて、「使えない従業員」は切り捨てる。税金を節約するために、タックスヘイブンへと利益を付け替える。そんな企業ばかりで構成された企業社会というものを想像してみてください。いや、実際にそうなっていますよね。

「選択と集中」という経営戦略が生きるのは、社会全体が成長軌道にあるときに限られるのです。そして、そういう時代の経営は、さほど難しくはない。

ツキが回ってきたときの麻雀のようなものです。

しかし、社会全体が成長の限界に直面する時代に、従業員の力を最大限に生かし、大きな利潤は出さなくとも、会社を存続させるための信用を積み上げるような会社経営は、難しい。アートであると言ってもよいくらいです。

わたし自身は、経営者としてこういう芸当ができませんでした。そんな凡庸な経営者であったがゆえに、わたしにはよくわかるのです。

「経営の要諦は、会社を成長させないこと」

さて、もちろん、成長の限界は、若者の責任でもないし、経営者の責任でもありません。しかし、わたしは、こんな時代だからこそ、本当の意味での「責任論」というものが必要となってくるんじゃないかと思っています。「無縁」社会における責任逃れの「自己責任論」に対して、自分で問題を引き受けるという積極的な「責任論」です。

幸い、わたしは、そのような経営者との出会いを幾度か経験してきました。

拙著、『小商いのすすめ』とか『「消費」をやめる　銭湯経済のすすめ』にも書きましたけれど、「本来自分に責任のないことに関しても自分が責任を取っていく」という態度こそが、それらの経営者が体現していることなのです。

かれらに共通しているのは、経営の中に、相互扶助的な経済をうまく導入していることです。

わたしの友人である自動車部品メーカーの経営者は、エイジフリー・バリアフリーカンパニーを目指して、実行しています。練達の職人には、指導者、指南役として、定年を過ぎても会社に残って後進を指導する役割が与えられます。もちろん、本人が退職したいと願い出れば、それは自由なのですが、働きたい意思があるならば、年齢は問わない。自動化された現代の製造システムの中では使われない技術であっても、古い職人の技術の中にあったモノづくりのための、感性や、思想を、直接目で見させ、肌で触れさせる指南役です。そうした、現場感覚を研ぎ澄ます中から、新しい時代に転換可能な技術が生まれてくると信じているからです。

このやり方を支えているのは、創業者である父親の代から続いている、人づくりのための見えない資産の贈与です。父親から贈与されたモノづくり精神を、社員が受け取り、それを後進に引き渡す。

この社長は、二代目なのですが、父親である創業社長の言葉を胸に刻み込んでいます。「会社は世間からの預かりものだ」という言葉です。自分も、先代から預かった会社を、次世代に再譲渡するために、奮闘しているということです。

見識という他はありませんよね。

わたしが出会ったもうひとりの、中堅食品メーカーの経営者は、八〇年代のバブル真っ盛りの時代に、こんなことを言っていました。

「経営の要諦は、会社を成長させないことだ。会社の成長率は三パーセントぐらいでいい。いや、一パーセントでいい」

事実、この会社は、利益が出そうになると、それを次の時代への設備投資や、教育投資、社員への福利厚生へ振り当てて、堅実な成長を続けました。多くの企業が、上げ潮に乗って、海外へ進出したり、証券に投資したり、空前の利益を株主配当していた時期に、なかなかできることではないと思っていましたが、その後のリーマン・ショックや、長期的な経済停滞の時代が見通せていたのかもしれません。この創業社長は、未来への贈与に収益を使っていったのです。

こうした、相互扶助的、贈与的な経営者を、事業成功の例として取り上げるのは、フェアではないかもしれません。というのは、まったく異なった、効率一辺倒の、強欲資本主義の権化《ごんげ》のような経営をして成功した経営者もいくらでも見つけ出すことはできるからです。むしろそちらのほうが多いのかもしれない。いや、経営とは、一〇パーセントの才覚と、九〇パーセントの運ということかもしれません。

とはいえ、わたしは、競争社会の典型であるかのような、企業間のシェア争いの中にあって、なお、贈与的な経営姿勢を貫こうとしている経営者がいることに、企業家の高いこころざしを感じてうれしくなります。同時に、このような企業家が少なくなっていることに危機感を覚えるのです。

　ここにご紹介した企業家が守ろうとしているものとは、前世代では当たり前だった、血縁共同体や地縁共同体が持っていた、組織全体が生き延びていくための知恵です。それこそが、贈与的な仕組みを組織の中に取り込んでいくという経営姿勢になっていきました。百年企業という言葉がありますが、日本は、そのような長期的に生き延びて、暖簾《のれん》を守り続けている企業の数が、世界で最も多い国でありました。

　株式会社という商品交換経済の負の側面を補完するもの、あるいは対抗するものとして、先代から贈られたものを、次代に引き継いでいくという贈与の精神を、会社の中に導入しているのです。

　さて、これらの社長は、会社を離れても、贈与のひとだと思わせる場面を、わたしは何度も目にしています。何人かのアーティストや、起業家を支援したり、一見なんの利益にもならない社会活動に情熱を持って取り組む。

「それは、経済的に余裕があるからできるんだよ」と思うかもしれませんね。

　事実、かれらの会社は、隆々たる成績を収めており、かれらもお金持ちになっているのですが、かれらのようなやり方は、お金持ちにしかできないのでしょうか。

　そんなことはありません。

贈与経済の担い手は、必ずしもお金持ちである必要はないんです。

ここが大事なのですが、贈与とは、本来的には、誰もがなしうる他者との関係の仕方の別名です。

貧しいものたちは、不断に相互扶助的な生き方をせざるを得ない。

最近、わたしが店主をしている喫茶店「隣町珈琲」で働いてくれている若い方たちが中心になって、孤食の子どもたちに「場」を提供するための「こども食堂」の企画が持ち上がり、そこに、喫茶店のお客さんも加わって、実現に向けて動いてくれています。

わたしは、直接には手を出さずに、見ているだけなんですが、この動きが大変に面白いのです。一番感じたのは「こども食堂」を運営しようと集まってくる若いひとたちが、一様にビンボーであるということです。

古来より、貧乏人を助けるのは貧乏人なのですね。

崖っぷちに立っているひとが、隣のひとを助けている。

なぜなら、貧乏人だからこそ、貧乏人の気持ちがわかるからです。

かれらは、自分の食費を切り詰めても、チラシをつくって配ったり、スポンサーを見つけるための営業をしたりしています。

この動きは、本当に面白いと思います。

なぜ、貧乏人を助けるのは貧乏人と相場が決まっているのか。
これは、とても面白い問題です。

貧乏人の人助け

貧乏人は、助け合わなければ生きていけないからというのが、わたしの答えです。現実的には、今の世の中は、身体さえ丈夫なら、無理してアルバイトで食いつなげば生きていけないということはないでしょう。しかし、かれらは、自分がひとりではやっていけないことや、もし仕事を失ったらどうしようかという瀬戸際で日々暮らしているので、助け合うことに対するリアリティがある。

借金を返済できないままでいたり、親や親類や友人から助けられた経験を持っていることが、他者に対する想像力を鍛えているともいえる。

負債が、他者に対する想像力を鍛えるのだとすれば、負債はそのまま想像力という資産になっている。もちろん、資産を計量する物差しは違いますけど。

貧乏人が貧乏人を助けながら、資産を増やしている。この資産はどのように運用されていくのか。そして、その先にあるのは何なのか、とても興味深い。

ここで、思い出すのが、スペインで行われているキンセ・エメ運動です。

社会の貧困やスポイルされた子どもたちの現場から、すぐれたルポルタージュを書き続けているフリー・ジャーナリストの工藤律子は、二〇〇八年のヨーロッパ金融危機以後、スペインで起きた「もうひとつの生き方」への挑戦、キンセ・エメ運動について詳細なレポートを書きました（『ルポ 雇用なしで生きる――スペイン発「もうひとつの生き方」への挑戦』）。

わたしは、共同通信からの依頼で、この本の書評を書いたのですが、その一部をそのまま掲載しておきます。

本書は、資本主義以後の世界の住人たちのルポである。彼らは「もうひとつの経済」「もうひとつの政治」「もうひとつの社会」を実現させるために活動している。社会を変えるなんて、簡単ではないと思うだろうか。

彼らは、そういった疑問を鮮やかに裏切ってくれる。ささやかで、静かだが、確実な「革命」が、すでに成果を上げているのだ。この「革命」は、先進国の中で資本主義の矛盾が最も顕著なスペインで始まった。

２０１１年５月15日、失業率の悪化や、住宅バブルの破綻による強制立ち退きに抗議して立ち上がった市民によるデモは、スペイン各都市に広がった。その始まりの日にちなんだ15Ｍ（キンセ・エメ）の運動は、市民参加型の政治を目指す政党「ポデモス」へと発展する。「ポデモス」とは「私たちはできる」という意味だ。それを示すように、彼らは欧州議会に議員を送り込み、地方議会選挙でも奇跡を起こす。

本書が紹介する事例は、資本主義の論理とは異なる世界への確かな道標である。労働時間を補完通貨のように流通させる「時間銀行」、食料品リサイクルのための「連帯冷蔵庫」、地域通貨、市民ＷｉＦｉ（ワイファイ）、社会福祉活動を担う労働者協同組合などなど、創意工夫と相互扶助の精神が横溢《おういつ》している。

運動を支えるのは「雇用なしで生きる」社会をつくろうと立ち上がった人々の本気である。読者は、彼らの志の高さに深い共感を覚えるだろう。世界はまだ捨てたものではない。

工藤のルポに描き出された市民運動のプロセスをみていると、本当に、世界はまだ捨てたものではないという気持ちにさせられます。ぜひ、彼女の本をお読みいただきたいのですが、この本が紹介している事例のなかで、とくにわたしが注目したのは、「雇用はないが、仕事はある」という言葉です。そして、仕事が報われるようにするために、自分がした仕事を「時間」として貯金することができるインターネット上の「時間銀行」のシステムをつくったのです。

自分が行った仕事、草刈りでも、ゴミ拾いでも、老人の手助けでも何でもよいのですが、それをインターネット上に貯金することができる。貯金の時間と引き換えに自分が他者の援助を受けることができる。そういうシステムです。

これ、ネット上で労働時間の交換をしているわけですね。

実際には「時間銀行」とは、ことがらとことがら、仕事と仕事を交換することができるような仕組みです。

まえに、貨幣の秘密は、非同期交換を可能にしたことと書きましたが、貨幣の介在なしに仕事を交換できるようにするために、インターネット上に、非同期的な交換の場所をつくったのです。

大切なことは、貨幣がなくとも、非同期交換の「場」があれば、交換の経済は回るということです。すくなくともその可能性はある。最先端の技術を利用した、全体給付のシステムだともいえます。

スペインの運動がやった「連帯冷蔵庫」も食べ物の非同期的贈与のシステムです。現代では、食べ残したものを捨てているわけですね。ときどき、浮浪者が、公園のゴミ箱から廃棄された弁当を拾っている光景を見ることがあります。

しかし、この廃棄される食物は、衛生管理さえきちんと行えば、再利用可能です。「連帯冷蔵庫」とは、余った食物を、専門的な衛生士がより分け、誰でもただで使用できるようにした、貧困層救済のシステムなのです。

おそらくこのシステムは、災害時の緊急避難的な食糧確保にも役立つはずです。

このようにして、キンセ・エメから始まった運動は、またたくまに、スペインにひろがりました。現在それがどのようになっているのか、詳細はわからないのですが、続報を待ちたいところです。

現代社会の中でも、たとえば、メルカリというインターネット上の市場がありますよね。あれは、古着や、中古品をネット市場で売り買いするものだと思っていました。実際にそういう側面はあるのですが、何人かの若い利用者に取材してみると、思わぬ使い方がされていることがわかったのです。たとえば、何回か着た洋服をネットに上げて、売れるとネット上に売り上げを貯蓄し、そのお金で他の同様な利用者が売りに出している洋服を買う。その繰り返しなので、実際にお金と品物が交換されるというよりは、洋服の物々交換が、時間差で行われているのだそうです。それなら、たとえば、一〇着の洋服さえ持っていれば、それが、交換のし回しで、何十着も持っているのと同じことになる。大きなクローゼットも必要がなくなり、一石二鳥というわけですね。

メルカリは、現代の非同期物々交換の「場」になっているというわけです。

スペインの運動の中で、実際に「時間銀行」がどれだけ有効に、社会の中で機能しているのかは、前述の本の記述からだけでは、はっきりはしません。

しかし、市民同士が、あらゆる現代的な手段を使って、部族社会的な全体給付のような給付システムの「場」をつくろうとしていることが、重要なのだと思います。

その「場」とは、貨幣の介在なしで、モノや労働が交換できる場所です。

面白いことを考え出したなと思います。

これらのことは、「もうひとつのやり方」「別のやり方」というものを、人々が模索し始めているということをあらわしています。

わたしの喫茶店で行われている「こども食堂」も同じなのですが、そこに携わっているひとたちが必要としているのは、実際には、自分を助けてくれる隣人なのではなくて、助けたり助け合ったりできる「場」なのかもしれません。そのための、最初の贈与を行うために、貧乏の痛みを知っている人間たちが集まっている。

かれらだから、そうした、「場」の原理、共同体原理の必要性を肌身で感じることができる。

一方では、残念なことに、相互扶助的な分野までビジネスが蚕食《さんしょく》しようとしています。たとえば、介護ビジネスです。介護がビジネスになったとき、「金の切れ目が縁の切れ目」という原理への切り替えが行われる。

金銭合理主義と、相互扶助的な志向がせめぎあっているのが現代という時代なのかもしれません。

こういうことは、基本的には金がなくても、やっていけなくてはいけないのですが、もし、市場原理だけしかなければ、金がなければやっていけない問題になってしまうのです。

確かに、商品交換の社会、お金の社会は、それらがなかった時代に比べれば、素晴らしい利便性と発展を見せてくれました。人々は、意味のない、しがらみという鎖につながれた奴隷から、解放される方法を手にしたのです。

しかし、それには、お金が必要になります。

村社会の息苦しさを逃れようとすれば、自立するしかないわけです。

地方で窒息したくないと思って東京へ出てくれば、高い家賃を支払うために必死でアルバイトをし続けなくてはなりません。コンビニのバイトだけでは無理かもしれません。

自立って、こんなに大変なのかと、思い知らされる。

この自立と、相互扶助をいかにして組み合わせるのか、それこそが現実的な問題になるはずです。自立した人々が支え合うような社会を、どうやったら、イメージできるのでしょうか。

そのためには、「無縁」社会と「有縁」社会というものが、現実の社会の中で、どんな構造になっているのかについてもう一度、確認する必要があるだろうと思います。

4・「有縁」社会と「無縁」社会——異なる共同体原理

賭場の原理、世俗の原理

いま「カジノ法案」が云々されていますけど、わたしはカジノに対して「それはやめたほうがいいよ」という立場なんです。博打《ばくち》の話を、真昼間、公道でするものではないということです。それも、儲かるからやるべしなんて、政治家やビジネスマンが言うのは下品じゃないか。直感的にはそういうことで、カジノ法案なんていうのも、まあなんと下品なことを言っていると思うわけです。

でも、カジノをやめたほうがいいということを論理的に証明していくのってなかなか難しいんですよ。

じゃあ「パチンコとか競馬とか賭麻雀とかやってるじゃねぇか。お前らやってないのか」というふうに言われたときにね、ちょっと困ってしまうわけです。「もしカジノがダメだと言うなら、そういうのも全部ダメだと言うべきだ」と。

なるほど。きっぱりと白黒つけたいのですね。

そういうふうに言われるとなかなかそれに対して返す言葉がないんですね。

こういうことって、世の中には結構多いのではないかと思います。たばこがダメだって言うのなら、酒だって、酔っぱらいは周囲に迷惑かけるし、身体にも悪いからダメじゃないかとか、鯨《くじら》を食っちゃダメだと言うなら、牛や豚を食っているお前は何なんだとかね。

論理的には、一見正しいことを言っているように聞こえる。でも、そういう言い方って、なんか子どもっぽい。

ちょっと違うんじゃないかと思う。では、どこが違うのか。

そもそも二者択一の問題ではない、程度の問題を、黒か白かの二者択一の問題と読み替えてしまっているのです。こういう問題は、たとえば健康とか、動物愛護とか、部分的なカテゴリーについて適用されるべき一つの物差しで、すべてのことの適否を判断することによって起きるのだとわたしは思っています。

文脈というものを無視すれば、ほとんどの問題を、デジタルな○か×かの問題に読み替えることが可能になるのです。

最近の政治的な話題で言えば、北朝鮮の問題で、対話か圧力かというものがあります。それで、メディアがどちらを支持するのかというアンケートまでしている。たとえば、輸出制限などの圧力は、目的ではありません。そもそも対話の道を切り拓くために行うのであって、相手を苦しめることを目的としてやっているわけではないのに、対話か圧力か、外交努力か武力制圧か、みたいな二者択一の問題にしてしまう。

やはり、子どもっぽい。

大人の政治家やジャーナリストが、そんなんでいいのかなと思います。

問いの立て方自体が間違っているのです。

政治的な課題に関しては、往々にしてこういうことが起きますね。

話題をカジノに戻しますが、わたし自身について言えば、競馬もパチンコも麻雀も嫌いではないんです。弱いんですけどね。ですからギャンブル一般に関して、それは倫理的に問題があるからやめろとは言いません。あってもいいと。これを「ぜんぶやめろ」と。ギャンブルみたいなものを「ぜんぶやめろ」と言うことには大きな違和感を覚えます。たばこも「ぜんぶやめろ」、身体に悪いから、「お酒もやめろ」と言う方がいますけど、これも同じ理由で違和感がある。

そういうのは基本的には、一つの物差しで、社会を分断し、差別し、排除してゆく全体主義に向かう可能性があると思っているからです。よい全体主義というものも、あるのかもしれませんが、わたしは、あまのじゃくですから、全体主義的なものには身体的な拒否反応が起きます。それって、危ないんじゃないかと、身体のアラームが鳴るのです。

純潔思想は、必ず、「汚れたもの」「混じり合ったもの」に対する、差別意識となってあらわれるのを、これまで何度も見てきていますからね。

たばこなどは、そのいい例で、お前の吐く息には害毒が混じっている。それを、公共の場で吐き出さないでくれというわけです。

わたしは、肺がんをやって、右肺の一部の摘出手術もした身ですので、たばこに関しては、ちょっと距離を置いていますが、それでも、他者がたばこを吸うことに関して、いかなる嫌悪も感じません。

これは、マナーの問題であり、節度の問題だと思っているからです。マナーとか、節度というのは、オールオアナッシングじゃないということです。多様な視点があり得ることを認めて、全体最適を見い出そうとしていく態度です。マナーは、不快な隣人と、共存してゆくための工夫なのです。

だから、たばこに関しては、分煙で十分だと思っていますが、オリンピックが近づくにしたがって、禁煙熱は高まり、喫煙者はますます肩身の狭い思いを余儀なくされることになりそうです。

わたしは、こういうものは、グレーゾーンがあっていいじゃないかと思っています。なぜ、グレーゾーンがあっていいのかといえば、繰り返しになりますが、この手の問題は、良いのか、悪いのか、あるいは、続けるのか、やめるのかというような二者択一の問題ではないからです。

つまり、二者択一ではなく、程度の問題だということです。

どの程度までなら許容され、どの程度から先は禁止すべきなのか、その許容範囲というものをコントロールすることが実は文化じゃなかろうかと思うのです。

そのためには、健康に良いか悪いかという物差しだけで考えるべきではないし、経済効果という物差しだけで考えるべきでもない。

多様な物差しを使う必要があるし、ときには、物差し自体を新しくつくる必要があるのです。

酒やたばこ、あるいはギャンブルを楽しむという社会と、酒やたばこは身体に良くない、ギャンブルは依存症をつくるからダメだという社会を、比較してどちらに同意するんだと迫るのは、思考停止だといわざるを得ないのです。

こうした、思考停止による二者択一は、文化的なふるまいから逸脱した、生活の強制へと向かってしまいます。

そもそも、相反する二つの事項、異なった原理を有する二つの事項について考えるときに、どちらか一方だけに収斂《しゅうれん》させれば問題が解決すると考えるのは、成熟した大人がやるべきことではない。

後に、詳しく述べますが、人間が善と悪に引き裂かれるのも、徳と欲望に振り回されるのも、楕円のように、二つの異なった原理がせめぎあい、共同しあいながら、社会を構成しているからだと思うからです。アンビバレント（価値両義的）であることが、自然なのです。

ギャンブルを例に話を整理すると、賭場の原理と、世俗の原理という二つの原理がわたしたちの社会をつくっているということです。

賭場の原理というのは、人情無縁の「無縁」の原理なんです。一人ひとりが縁を結ばず、金だけが支配している社会です。だからそこには中央権力が定める法律も及ばないし、世俗のしきたりも希薄である。

そういう逃げ場がないと、世俗の社会をはじき出されたものは、死ぬしかなくなってしまいます。共同体が存続してゆくために必要なことは、脱落者を出さないことです。共同体の規範を逸脱しても、いつでも戻ってこれる通路を用意していることです。村八分にあったとしても、二分は共同体との通路として残している。

だから、「無縁」の原理を必要としているのは「有縁」の場なのであり、「有縁」の原理もまた「無縁」の場が必要としているともいえるだろうと思います。これについては、もうすこし丁寧な説明が必要かもしれませんね。

縁がなくとも金があれば生きていけるのが「無縁」社会

中央権力による法的な規範や、世俗のしがらみによる拘束力が及ばないところが「無縁」の場です。今風の言葉で言えば、市場原理で貫かれた場所ですね。

『無縁・公界・楽』[11]の著者である歴史家、網野善彦が書いているのですが、日本では「無縁」の場の原初的な形態として駆け込み寺というのがありました。それは中央権力、幕府の権力が及ばないところでした。なぜ、中央権力が及ばないかといえば、それは、世俗渡世の秩序を司る中央権力が拠り所としている原理が、彼岸の原理に拠る寺への権力行使を憚《はばか》ったからです。だから、超法規的な場所である駆け込み寺に逃げ込めば、とりあえず世俗の社会では生きていけない人間でも生きていける。

そうした「無縁」の場所でしか生きていけない人間もいるわけですよ。たとえば、生活習慣の違いや出自に対する差別によって、世俗の共同体原理から排除された芸能者、罪人、遊女、まつろわぬ人々など。

ふとした諍《いさか》いからひとを殺《あや》めてしまう。これはもう世俗の社会では取り返しがつかないことなんだけど、縁切寺に行けば、そこはとりあえず「無縁」の社会だから、世俗の拘束力からは逃れることができる。そういう場所をこの人間社会はつくったわけですね。人間は自ら犯してしまった取り返しのつかない罪に対して、原理的には責任を取れないから、責任そのものを、信仰や謝罪の儀礼へと変換する場所が、必要だったということかもしれません。宗教が立ち上がるひとつの大きな理由は、取り返しのつかない負債(返済不可能な負債)を、等価交換とは別の仕方で返済する仕組みが、人々に要請されていたということではないでしょうか。そういう場所がなければ、人を殺めてしまった場合には、「じゃあお前も死ね」という報復によるしかなくなってしまいます。等価交換の原理だけでは、うまくいかないことがある。

世の中には、「有縁」の場と、「無縁」の場が様々に形を変えて存在しています。

宗教的な場、世俗の場、ビジネスの場という三つの場で考えるとわかりやすいかもしれません。宗教的な場は「許し」の場であり、世俗の場は「贖罪《しょくざい》」と「許し」がせめぎあう場であり、ビジネスは厳格な等価交換の場だということです。

網野善彦によれば、列島の沿岸部、周縁部には、自分の持ち場を持たない遍歴する商人が行き交い、犯罪者、芸能者、遊女、連歌師、勧進僧といった列島を漂流して生きている人々が集まる場所が、吹き溜まりのようにできてきます。それこそ、「逃れの町」ですね。その場所は中央権力の影響圏から隔離され、それゆえにアジールとしての性格を持つようになった。衆生に縁なきものも、この場所でなら、自分の才覚次第で生きていけるところ。そして、これこそが市の始まりだというのが、網野説であり、わたしは深く同意するものです。

市とは、「無縁」の原理によって貫徹されている場所であり、それは、今日の市場の原理と同じ発想だろうと思います。

そして、「無縁」の原理で動いている最も典型的な場所が、賭場なんですね。

それに対して本来我々の世俗の社会は「有縁」の社会です。縁でがんじがらめにつながっている社会です。

最近は、マンションの隣人の顔も知らないというのが、かなり一般的になり、社会全体が「無縁」化しているのですが、それはまた別の問題です。

わたしたちが、日常的に生活している社会の基本原理は、「縁」でつながっているということです。だからこそ、「縁」からはじき出された人々には、「縁」の原理が届かない場所である「無縁」の場をつくったのです。「縁」と「無縁」は、相互に排斥し合いながら必要としているという関係にあります。

シェイクスピアは、名作『ヴェニスの商人』で、キリスト教的な兄弟盟約的な愛で結ばれたバッサーニオやアントーニオと対立するかたちで、孤立無援のユダヤ教徒であるシャイロックを、自由交易都市ヴェニスに登場させました。そうすることで「有縁」の社会の住人と「無縁」の社会の住人が、相互に憎しみ合いながらも必要としている様子を描き出したのです。

二〇〇四年にマイケル・ラドフォードが映画化した『ヴェニスの商人』では、シャイロックをアル・パチーノが演じています。映画の中では、「無縁」のひとであるユダヤ人、シャイロックは、キリスト教徒からひどい差別を受けています。シャイロックは、お金の力だけを拠り所として生きている人間で、金貸しによる利息で生活しています。金を貸す相手は、「無縁」のユダヤ人ではなく、「有縁」の住人であるキリスト教徒たちなのです。「無縁」が「有縁」を必要としている構図です。キリスト教徒たちも、お金が必要になればユダヤ人の金貸しに頼るので、その場合には「有縁」が「無縁」を必要としているということになります。

このアメリカ産の映画の中では、面白いことに、観客は正義のひと、兄弟愛のひと、贈与のひとであるバッサーニオやアントーニオよりも、シャイロックに感情移入してしまうのです。役者の演技にしても、キャスティングをみても、そういう作りになっています。二〇〇四年当時のアメリカ人のメンタリティが反映されているんでしょうね。映画の最後では、無理やりキリスト教徒に改宗させられたシャイロックが、一人寂しく釣り船に佇みます。

この映画では、「縁」の社会の、軽薄で、芝居ぶっていて、インチキ臭いところを強烈に描き出していました。

「縁」の社会だけで「全部やれ」ということになれば、人間は生きにくくなる。息が詰まる。現実には、そんな社会はどこにも存在していない。それはひとつの、空想上のモデルに過ぎない。にもかかわらず、モデルを現実だと思ってしまう。

誰がいつどこで何をしているのかを、村人全員が知っているような社会だけしか無ければ、誰だってそこから逃げ出したくなるはずです。しかし、「縁」の社会だけしか無ければ、そこから逃げ出そうとすれば、裏山か、河原で乞食になるしかない。だからこそ「無縁」の社会みたいなものを人間はつくったわけですよね。

そこに逃げ込めば、「縁」の社会との関係を絶つことができる。氏素性《うじすじょう》を問われることがない。出生や職業で差別もされない。

「複雑な事情から、やむを得ず、ひとを傷つけてしまい、誰も自分の名前も、素性も知らない地方都市に逃げ込む。その地の小さな居酒屋に職を見つけて働いているうちに、女主人と情を通じるようになる。二人は無縁の地でささやかな縁を結ぶことになる」。この話型は、様々なバリエーションで、映画化されてきました。高倉健が似合う役柄ですよね。

渡世の「縁」が及ばない場所という装置を、人間社会はどこかで必要としている。「有縁」の場と「無縁」の場は、社会が生成される過程で、自然に二つの焦点になっていったのだろうと思います。

逆に言えば、二つの焦点の周りに、社会が形成されてきたのです。

いずれにせよ、「有縁」社会にとって、「無縁」社会は一種のセーフティーネットの役割を果たしています。

「有縁」と「無縁」のあいだに生きる

「無縁」の社会というのは、裸の人間が最後に逃げ込む場所でもあります。そこから先は地獄なんですよ。「無縁」の社会から先は、金がなくなったら野たれ死ぬしかない社会なわけです。だから、そこから先はまた、「有縁」の社会へ戻れる回路が必要になってくる。逃れの町に逃げ込んだ罪人が、そこで所帯をもって、ささやかな幸せを手に入れるといった映画の話型のようにね。

とはいえ、この二つの焦点は、明確に分離されているわけではないんですね。人間の社会は、空間的にだけとらえれば、うまく分離できるのでしょうけど、必ずしも、空間的なモデルだけでは説明できないものがあります。心的なところでは、この二つの焦点の差異は必ずしも明確ではありません。

「有縁」と「無縁」は、たとえば、田舎と都会、昔と今、アジア的社会観と西欧的社会観、贈与経済と交換経済などという二項対立に対応する概念です。

しかし、それは画然と区分けできるものではありません。田舎と都会のあいだには、中間的な地域が存在しますし、ひとりの人間のなかにも、「無縁」性に向かう気持ちと「有縁」性に向かう気持ちというものが同時に存在しているわけです。

だから、現実問題としては、「どちらかを選べ」ではなく、「どうやってマネジメントするか」「どう考えるのか」「どの程度まで『有縁』性が有効で、どの程度まで『無縁』性を取り入れるか」といった程度の問題として設定する必要があるのです。

ところが、九〇年代以降、グローバリズムの潮流のなかで起きたことは、「有縁」か「無縁」かどちらかを選べといった二者択一をせまるという強迫的な言論の跋扈《ばっこ》でした。

実際には、二者択一ですらなく、ビジネスの原理である、競争社会の「無縁」を受け入れるか、受け入れないかをせまり、受け入れないものには守旧派のレッテルを貼るだけだというような粗雑なものだったのです。

あるシンポジウムで、わたしが、国民国家というアイデアは、自国の産業を守るという保護貿易を基本としていると言ったら、今は国会議員になっている米国系証券会社の方から、いきなり「社会主義へ戻りたいのか」と罵声《ばせい》を浴びせられたことがありました。

フリートレードが絶対に正しいと考えている方たちにとっては、保護主義も、再分配システムも、社会主義なんですね。

社会主義を選ぶのか、資本主義を選ぶのかといったイデオロギー的な二者択一は、現実にはほとんど意味を失っている。九〇年代以降の日本に起きたことは、インターネットビジネスや、金融ビジネスといったグローバル経済の拡大でしたが、同時に、わたしたちの生活空間の中に、「無縁」の社会の価値観がどんどん入り込んできたということだろうと思います。

別の言い方をするなら、金がすべて、金のないやつは努力が足りないやつだというような考え方が幅を利かせてきた。「金の切れ目が縁の切れ目」になっちゃったわけですね。

でもね、どんな世知辛い世の中にあっても、「金の切れ目が縁の切れ目」じゃいけないと思いますね。

「有縁」の社会は、確かに息苦しいし、どこか嘘くさい。贈与の精神や、再配分のシステムで、貧富格差を是正するなんて言えばどこか、きれいごとを言っているみたいに響くのだけど、家族だとか、地域社会といった共同体が生き延びていくためには、とても重要なセーフティーネットを提供しているわけで、こういった価値観を保守してゆくことは、結局のところ人々が共生して生き延びていくための知恵だったのだろうと思います。生存のためのリソースが、共同体の全体に不足していた時代には、競争原理だけでは、その敗者は、はぐれ者になるか、死ぬしかない。それはまた、共同体の存続を危うくしかねないほど苛烈《かれつ》なものだったのだろうと想像されます。

わたしたちの社会は、どこまでいっても、「有縁」性だけでは貫徹できないし、「無縁」性だけでやっていくこともできないんです。

それは、どちらが良いか悪いかといった善悪の問題ではなくて、「有縁」と「無縁」のあいだの境界をどうやってコントロールすれば、最も暮らしやすい、住みやすい社会ができるのかという現実的、実際的な問題なんです。

政治家はきれいごとを言わなければいけない

ここで、ちょっと、「きれいごと」について言っておきたいことがあります。「自己責任論」というのは基本的には「無縁」の社会の論理です。かれらが言ってる「自己責任」って、そういうことだったんだと思います。「無縁」の社会で野たれ死のうが何しようがそれはしょうがない、自分の命は自分で守らなくてはならないということです。弱肉強食の自然界と同じです。そこでは、誰も助けてくれないよと。そのかわり、自由は保証されているというわけです。本当は、「無縁」の社会に、責任などないと言わなくてはなりません。だって、誰も、責任を取って状況を回復させようなんて考えていないわけですから。ですから、ここで言う責任とは、起こった結果に対して、当事者として、自分の身に引き受けるという本来の意味ではありません。自分には無関係であるということの言明に過ぎません。つまり、「俺には関係ないよ」ということを言うために、使われた言葉です。

「責任」は、英語ではresponsibilityと言いますね。これは、respond（応答する）と、同じ語源を持つ言葉だということがわかります。日本語なら、まさにこれは「縁」ですね。「袖振り合うも他生の縁」という言葉もあるくらい、「縁」の世界はなじみ深いものです。ここで言う他生とは、前世ということですね。ひとは誰でも、前世からつながっているということです。「縁」の世界で起きたことは、どんなことも、どこかでつながっており、呼びかけがあれば応答しなければならない。すべての人間は、程度の差はあっても当事者性から逃れることができないということです。まあ、面倒くさいといえば面倒ですね。しかし、当事者性を意識するところから責任というモラルが出てくる。

しかし、他者に対して「自己責任だ」と言うのは、自分とはまったく関係がないという責任転嫁の言明でしかありません。

「袖振り合うも他生の縁」が指し示している原理は、「無縁」の原理とは反対で、誰にも責任があるということですね。

合理的に考えれば、そこに責任なんかない。近代以降の法律でも、政治でも、前世に対して責任などはないということになっている。

どうやら、現代人は、後世には責任があると考えているふしがある。そうしたモラルを共有している。だとするならば、前世に責任があるとなぜ思わないのか不思議です。

責任という言葉が強すぎるなら、その本来の語義である、前世に対しても、後世に対しても、応答する義務ならある。

政治家とか、会社の社長とかの就任のあいさつで「重責を感じております」なんて言うじゃないですか。この意味は、本当は、当事者性の範囲が拡大したことを意味しているんですね。

自分が関係している共同体の代表として名乗りをあげるということです。

これ、大切なことだと思うのですがね。

落語の社会では、破れ長屋には、何の役にも立たない、与太郎が棲んでいますよね。与太郎はどうやって生きているのか。とにかく、そこでは与太郎でさえ生きていける。それは、誰かが与太郎を助けているからです。

落語の長屋のような相互扶助的な社会には、必ずと言っていいほど、与太郎のような能力もなく、正直だけが取り柄といった人間がいるものですが、それでもかれは皆から愛されている。すくなくとも、社会の役に立たない無能なやつは死んでしまえなどとは、誰も言わない。かれのような人間が生きていける社会こそが、まっとうな社会なのだと長屋のメンバーはどこかで信じている。相身互いであり、明日は我が身だと、誰もがどこかで感じている。それでも、いやそれだからこそ、そうした共同体は存続することができる。

だから、皆で与太郎を支えている。

意識的に支えるというよりは、当たり前のように支えている。

これを現代に敷衍《ふえん》すれば、社会的包摂とか、全体給付システムという言葉で説明することができます。

格差がひろがらないように、再分配のシステムを築いていく。社会共通資本を充実させる。医療や教育といった、ひとが生きていくために必要な最低限のものは無料化していく。全部無料でいいじゃないかということになってくる。

当然のことながら、現実には、そういったことはなかなか実現できない。財源は限られているじゃないかということです。だから、そんなことを言うってのはきれいごとだということになる。

しかし、わたしは、政治というのはきれいごとの論理が通る場でなければならないと考えています。それが、現実には実現できていないからこそ、きれいごとの実現を目指して努力するんです。政治にとって重要なことは、どこを向いているのかということです。政治の役割というのは、国民国家のフルメンバーが、飢えずに、平和に暮らしてゆくためのシステムをつくり、それを持続させるように働きかけることだろうと思います。

現実にはそれが難しく、実現できていないことを歴史が証明しているし、誰もが知っていることです。

政治がきれいごとを否定してね、橋下徹みたいに「そんなのきれいごとじゃねぇか」とか、「オバマは詩人か作家になればよかった」みたいなことを言ったら、それはもう、政治の放棄なのです。よく政治というのは現実的でなければならず、きれいごとでは何も解決しないと言いますが、政治家はたとえそれがすぐには実現できないとしても、きれいごとを言い続けて、実現へ向けて努力する責任があると思います。わたしたちは、現実をよりよい方向へと動かしていくための代表者に一票を投じたのですよね。

社会に対する責任を負うことを重責だととらえて、当事者として動くのが政治家の見識というものではないでしょうか。

これ、すごく大事なことなんです。わたしたちが生活している社会を、邪悪なものから守っていく、あるいは弱者を保護していく、そして、相互に信頼できる社会として成熟してゆくための努力は、とても大切なことで、簡単に、「現実はそんなもんじゃない」とか「何をお花畑みたいなことを言っているんだ」と言って、切り捨てていいものではありません。

きれいごとだなんて言って、現実追随のふるまいをするのは簡単なことなのですよ。できない理由を言い募ればいいだけですから。

大切なのは、常に弱者の立場にたって、政策を考え、実行することであり、それこそが政治に要請されていることです。弱者のほうを見るということです。

「無縁」を否定しない「有縁」社会

全体が生き残っていくためには、パンがこれだけしかなかったらそれを分け合うしかない。ということは全員がすこしずつ損をすることで分け合う。これが日本の落語の社会にある「三方一両損」の考え方ですね。すこしずつ不満を分かち合うという。でも不満を分かち合うんじゃないんですよね。本当は、相互に足りないものを扶助し合うことが、全体の満足につながるということなんですね。自分だけが満足で、隣に飢えたひとがいることは喜びではないと考えていたんじゃないかな。江戸時代は、厳しい身分社会でしたが、立場が弱ければ弱いほど、その共同体の内側では、相互扶助的なものが息づいていたということです。

この考え方の根底にあるのは、損得ではないんです。損得じゃなくて、それは自分が生き延びていくための方法でもあるということなんです。最終的にはね。

とにかく、わたしたちの生活の場は、そうした「有縁」の原理を基本として組み立てていくことが大切だと思います。

しかし、それは、「無縁」の原理を否定するということではないのです。わたしたちは、生活の場とは異なる原理を否定したくとも、否定しようがない。二つの、異なる原理によって、わたしたちの社会は成立しているからです。

新自由主義は、「有縁」の原理を否定し、「無縁」の原理だけでやっていこうとしています。「無縁」の原理を「有縁」の娑婆《しゃば》に導入したんですよ。

ディザースター・キャピタリズム（災害便乗型資本主義）という言葉がありますが、その意味は、災害こそ、原理を書き換えて、「無縁」で貫徹された資本主義をつくるチャンスだということです。二〇〇五年に起きた、ハリケーン・カトリーナによる、ニューオリンズ災害のときに、相互扶助的な教育の場であった公立学校も大きな被害を受けました。その機会を狙って、規制緩和、民営化、公共部門の予算カットが断行されることになりました。多くの学校は閉鎖され、競争優位なチャータースクールとして再構築されることになったのです。現在のニューオリンズは、起業の町として知られるようになりましたが、低所得者層はどうなっていったのでしょうか。

ヤクザの社会というのは、内部は「有縁」の原理で運営し、外部との関係は「無縁」の原理を採用するというところで成立しているように見えます。「無縁」の社会では、それこそシノギを削るわけです。弱肉強食だから、何やってもいいってことになる。ヤク売ってもいいいんだと。でも、それを堅気《かたぎ》の社会に導入したら、この社会の秩序は崩壊してしまいます。

文化の異名は、「ためらい」「うしろめたさ」

では、やはり、「無縁」ではだめなんだ、「有縁」の社会を築いていかなくてはならないんだということかといえば、それほど単純ではないんですね。

ここからは、ちょっと、ややこしい話になります。

「有縁」の社会で周囲から助けられて、その中でぬくぬくと生きているだけでは自分の人生を生きたことにはならないという自覚が、わたしの中にもあります。

わたしだけではない。誰にでも、そういう感覚はあるだろうと思います。

それから、これはちょっと語弊があるかもしれませんが、「有縁」の社会というのはある種、ごまかしの社会なんです。動物には相互扶助なんていう価値観はありませんよね。これは、人間の社会が、社会秩序をどうやってつくっていくのがいいのかを考えて、人工的に考え出した価値観だとも言えるわけで、言葉を変えて言えばごまかしなんですよ。

だからごまかしに対するうしろめたさがあるんですよ。

これも、誰にでもあると思う。「みんなきれいごとばかり言いやがって」と。

だけど、誰も堂々ときれいごとなんて言ってはいませんよ。

「これはきれいごとかもしれないけど、そういうことを言うのをやめたらもう全部終わっちゃうんだよ」というかたちでやってるわけです。じゃあ、お前が全部面倒見ろやと言われると、それもできないんですね。そのことは、ちょっとしたうしろめたさになっている。

で、ここから先が重要なんだけど、このうしろめたさが大事なんですね。

内田樹《たつる》というひとが『ためらいの倫理学』という本を出しています。これは非常に象徴的でね。すごいところにかれは目をつけたと思います。

「ためらい」だとか「言いよどみ」だとか「恥じらい」だとかそういうことがこの社会の中になければ、社会は実は、平穏な人間の住処ではなくなってしまうということです。確かに、きれいごとの社会は、それが永遠に実現できないかもしれないということで、ごまかしなのかもしれない。

このごまかしをやっているといううしろめたさは、非常にネガティブな、「自分はひょっとしたら間違ってるんじゃないか」とか「これはつくり事じゃないか」という自覚ですね。でも、この自覚が自らの欲望の歯止めになり、生活に規矩《きく》を与える。

よくよく考えてみると「文化」ってそういうことなんだと思うのです。文化の異名は「ためらい」なんです。「うしろめたさ」ということです。

この、「うしろめたさ」こそ、負債の感覚と相似的なものなのです。同じだと言ってもよいかもしれません。

自分が今ここにいて、話したり、行動したりしているのは、先行する人々や、仲間たちのお蔭であり、それらに対する負債があるからこそであるという感覚です。つまり、「文化」というのは、死者を含めた先人たちや、友人たちに対する負債感を共有するところから生まれてくるということです。返済不能な負債は、ここでも、先人たちとわたしたちを結び付ける糊代になっています。わたしたちは、この見えない負債を踏み倒してはいけないのです。

負債を返済する相手はもうこの世には存在していない。だから、かれらに返済する必要はない。合理的に考えればそうなるかもしれません。等価交換の論理でいけば、そうなりますよね。

等価交換は、返済が可能である限りは遅延させることが許されています。クレジット返済もそうですし、手形も、等価交換を遅延させるための道具です。貨幣もまた、もともとの商品交換を遅延させることができる道具として、広まっていったわけです。ただし、これらの道具が意味を持つのは、それらが期限になれば、決済されなければならず、現物と交換できるからなのです。

もし、貸しのある相手が死んでしまったり、自己破産して返済不能になれば、これらの負債関係はリセットされる。そのように、現代の等価交換のシステムは考えている。

そして、このリセットを回復し、貸借関係を原状復帰させるための道具として、保険が出てくる。そして、この保険の支払いを担保するために、保証人を探したり、あるいは生前の積み立てを強制する。それでも、保険支払いが不能になる可能性があるので、保険会社はさらに上位の保険会社に対して保険をかける。このようにして、遅延させたり、支払い者を代替（スワップ）させたりしながら、金融の社会が複雑化していったわけです。

もう、そこには、先人に対する負債感もなければ、義務も消え去っています。

しかし、返すことができない負債があるという感覚は、わたしたちが抑制的に生きていくための最も重要な枷《かせ》になる。それがなければ、わたしたちは、自身の欲望の暴走を止めるよすががない。

ところで、最近の政治家を見ていると、勝つか負けるかにしか興味がないひとがいますよね。政治討論なんか聞いていても、マウンティングの取り合いみたいな感じ。とにかく、論理の整合性とか、社会的な妥当性とかいう以前の、個人と個人のど突き合いみたいになっているでしょ。勝つためには、ためらったり、言いよどんだり、考え込んだりしたらだめだと思っているようです。敵か味方か。それだけですね。

論争の場では、「無縁」の論理は最強なんです。そこには、うしろめたさなんか必要ない。うしろめたいくらいなら、やめてしまえと。

なるほど、それならはっきりとはしている。だって、勝ちか負けかで決着がついてしまいますから。勝ち負けの社会というのは、大変合理的に見える。白黒はっきりしている。力のあるものが勝つ。力のないものは、負けてもしょうがない。努力もしないで負けても、誰にも文句は言えない。それは、自己責任なんだというわけです。

この論理は、ほとんど暴力と同じなんですね。強いから勝つのではなく、勝ったほうが強い。勝ったほうが正しい。

「無縁」の論理というのはある種、弱肉強食の合理性で貫徹されているので論理的にはすっきりしている。あたかもそれが、自然の摂理みたいに響く。

だけどそこには文化がない。ためらいというような中途半端なものがないですから。

「ひょっとしたらそれは間違っているんじゃないか……」というためらいが実は、その文化をつくり、暴力によらないで社会の秩序をつくっていく鍵になる、ということは考えるに値すると思います。弱肉強食の論理、つまりは暴力の論理を推し進めていけば、最後に残るのはひとりの強者と、多数の奴隷でしかなくなってしまいますから。

5・明るいその日暮らし

——喜捨の原理と交換の「場」

稼がないという人生の修行

さて、そろそろ具体的な、「明るいその日暮らし」のやり方を教えろという方がいらっしゃるんじゃないかと思います。これまでの、わたしの書いてきたものには、どれも具体的なビジネスのノウハウだとか、生き方のノウハウは書いてありませんでした。

「○○のすすめ」なんていうタイトルの本も何冊か書いていますが、それでも、なぜ○○をすすめているのか、○○をするにはどうしたらよいのかといった、具体的なことについては、ほとんど何も触れていません。

それには理由があります。

具体的にどうすればよいのかというのは、いわば応用問題の答えです。基本は一つでも、その応用はひとの数だけあるわけで、大切なのは基本になっている考え方を知ることで、他人がしている応用動作をまねすることではありません。

何よりも、他人のまねをするという時点で、一番大切なことをないがしろにしてしまっています。もし、答えが提示されていたとして、その答えというのは、その応用問題を考えた人間の、その人間にとってだけ意味のある答えなのであって、万人向けのものではないのです。あるいは、野村克也じゃないですが、「勝ちに不思議の勝ちあり、負けに不思議の負けなし」です。失敗の原因は探すことができるけれど、うまくいくかどうかは、やってみなければわからない。野村克也って、好きじゃないですか。わたしもあまり好きじゃないのですが、この言葉には、不思議な説得力がありますね。

結局のところ、一番大切なこととは、自分の頭で考えてみるということですよね。自分の頭で考えるというのは案外難しいのですが、学びの成果というのは、まさに自分の頭で考え始めることだろうと思います。

最初は見よう見まねでもいいのですが、どこかで「離れる」ということが必要になります。まねしている自分を疑ってみるということですね。

考えるということに関して言えば、いつも重要なのは、問いの答えではありません。どのような問いを自分で立てることができるのかということが出発点になります。問いが立てられれば、その答え方はおのずから見えてくるはずです。問いの立て方は、人間の数だけありますが、答え方はそれほど多様にあるわけではありませんから。

まあ、そんなことを言っても、爺さんの説教みたいに思われてしまうかもしれませんね。ですから、ここでひとりの、「明るいその日暮らし」をしている具体的な事例をご紹介したいと思います。

画家の伊坂くんにまつわるお話。

伊坂くんは、わたしの中学校時代からの友人です。結婚して子どもがひとりいますが、本人の生活は極めて不安定です。かれの毎日は、数時間キャンバスに向かうことと、大きな愛犬の散歩、読書で過ぎてゆきます。

今日、最も儲からない商売は、画家、劇団員、詩人といった表現者じゃないかと思います。そもそも、商売じゃないですしね。

伊坂くんは、四十年以上絵を描き続けていますが、売れた絵はほとんどありません。いくつかの作品は国内外の美術館に所蔵されており、画業も一部では評価されているのですが、安定収入につながるものは何もないのです。

もちろんそれでは食べていけないので、仕事があれば、お兄さんがやっているレンズ研磨の会社に行きます。しかし、二人でやっている零細企業に入ってくる仕事には、限りがあり、最近ではほとんど仕事もなくなってきています。

普通の人間ならば、もうそれだけで暗くなってしまうのでしょうが、伊坂くんはまったく意に介するところがありません。それどころか、いつも大声でしゃべり、冗談を言って周囲を笑わせています。

なんで、こんなに能天気でいられるかといえば、かれには、非常に重要な財産があるからです。財産と言っても金品ではありません。

ときどきかれにお小遣いをくれる（！）有能な妻と、数人のかけがえのない友人のことです。

わたしも、会社を経営し、借金をして、資金繰りで首が回らなくなったりして、がっくりとうなだれたりするときがあるのですが、そんなときかれはこんなことを言ってのけます。

「ヒラカワ、お金は借りちゃダメなんだよ」「お金というものは、もらうものなんだよ」

この伊坂くんの言葉をはじめに聞いたときは、なんか、こいつは生きている基盤が違うのかなと思いました。

以前、有名な僧侶、釈徹宗《しやくてつしゆう》先生とある雑誌の対談企画でお話をしているときに、不遜《ふそん》にも「釈先生、お金というものは、借りちゃダメなんです。少額ずつもらって歩くんです」と伊坂くんの受け売りでしゃべったら、釈先生は痛く感動されて、わたしのことを「師匠と呼ばせてください！」とおっしゃいました。なんだか「蒟蒻問答《こんにやく》」みたいです。

もちろん、これは洒落《しやれ》なんですが、僧侶にとっては、この考え方はなじみのあるものなんですね。そう、托鉢《たくはつ》です。

托鉢僧は、修行の折に、家々をめぐって経文を唱え、鉢《はち》を差し出して、お金や食物という喜捨を受けるのです。というのは、修行のときには働くことが禁じられているからです。修行ひとすじに打ち込まなければなりませんし、所有欲を捨てなければならないのです。ましてや、自己利益のために働くなどはもっての外《ほか》です。この生き方、乞食《こつじき》とも言います。乞食、つまり托鉢僧は、喜捨を受けても、お礼を言うことはありません。喜捨した相手に対して、「功徳がありますように」「むにゃむにゃ」なんてことを言って立ち去ります。托鉢僧は、相手に功徳を施すために、修行をしていると考えているようなのです。

この現代の、等価交換的な尺度からすれば矛盾している存在は、売れない画家である伊坂くんの場合とよく似ているのです。

伊坂くんが絵を描くのはほとんど托鉢の修行のようなものであり、これを貫くためには、渡世のしがらみや、所有欲、浮世の名誉などとは別の次元で、作品の完成に向けて粉骨砕《ふんこつさい》身《しん》、制作にはげまなくてはなりません。だから、制作のあいだは、当然収入は当てにしていません。それでも、生きていかなくてはなりませんので、最低の食糧だけは喜捨によって確保しているわけです。事実、伊坂くんは、かれの作品への情熱に共感している人々の家々をまわり、絵の具代や、額装代、ときには食糧を喜捨してもらっているわけです。

ここで重要なことは、伊坂くんには乞食をしている自分を、卑下《ひげ》するといった気持ちは微塵もないということです。

わたしが父親の介護をしているとき、まっさきに羊羹《ようかん》を持ってお見舞いにきてくれたのも、伊坂くんでした。どこで羊羹代を調達したんでしょうね。

どうやら伊坂くんは、ヨーロッパ中世やルネサンス期のパトロネージュは、現代においても当然あってしかるべきだと考えているふしがあって、芸術家に対しては金に余裕のある人間がサポートすべきであると、本気で思っているようなのです。

伊坂くんの場合は、ただ喜捨を受けているだけではなく、作品が出来上がれば、パトロンに献上することになります。

一回限りならこういうことも可能なのかもしれませんが、かれの場合は、これを四十年間続けてきているのです。

托鉢生活四十年って、すごいことですよ。

稼がないという人生の修行!

托鉢の場合には、喜捨するほうも、それを功徳と考えているわけで、売れない画家をサポートしている友人たちにも、何らかのご利益があるのでしょう。伊坂くんは、身をもって生き延びていくための知恵の尻尾の在《あ》り処《か》を示してくれていたのかもしれません。

貧乏画家に喜捨するというと、何か特別のように思われるかもしれませんが、わたししたちは、実は日常的に喜捨をする習慣を持っています。

神社やお寺で、お賽銭《さいせん》を投げるというのは、その典型的な例で、それ以外にも、共同募金や大道芸人への投げ銭、町内会の寄付といったかたちで、様々な喜捨行為を行っています。わたしが子どものころは、正月になると、家々に獅子舞《ししまい》がやってきて、母親がご祝儀を包んでいた記憶があります。わたしの家は貧しかったので、ご祝儀も大変だったと思うのですが、獅子舞を断ることもできませんでした。

もともと、悪魔祓いのような意味合いがあったのでしょうが、そうであれば、なおさら拒否し難いですよね。

町内会が奉加帳を回して、寄付を募るなんていうことも、日常的にありました。

こうした喜捨は、商品交換の原理とは根本的に異なった原理によって行われています。

喜捨の原理とは何なのか。商品交換の原理とどこが違うのか。それが、伊坂くんがわたしに投げかけてくれた問題だったのです。

等価価値の概念より先に「交換」があった

本書のあたまのところで、等価交換の原理と、贈与交換の原理というものについて考察しました。基本的に、商品交換の原理とは、等価物を交換するということでしたよね。

ここでは、なぜひとは交換するのかという、より根本的な問題について考えてみましょう。なぜ交換なのかを説明するためには、交換の歴史を紐解《ひもと》かなくてはなりません。

贈与交換、物々交換、沈黙交易といった交換様式は、歴史の闇の中に埋もれています。たとえば、沈黙交易に関しては、ヘロドトスが『歴史』[12]の中で、カルタゴとリビュアのあいだで行われていた原初的な交易について記しています。あるいは、カール・ポランニーも、略奪と平和的貿易の中間に、沈黙交易があったと位置づけています。

わたしたちは、当初、交換は物々交換から始まったと教えられてきました。いまでも、大学で学生に訊いてみると、そうした答えが返ってきます。実際のところどうなのか、よくわかりません。ただ、多くのひとが、交換の初めは物々交換だと信じているようです。むしろ、なぜこのような信憑《しんぴょう》がこれほど広く伝播《でんぱ》したのかに興味があります。わたしには、これが貨幣の利便性を際立たせるために、事後的につくられた物語であるように思えるのです。

デヴィッド・グレーバーも、アメリカの銀行が、貨幣の歴史というパンフレットをつくっていて、やはり、物々交換から説明していると書いていました。

自分に不要なものを相手が必要とし、相手が不要なものを自分が必要としている。このふたりが出会ったときに、物々交換が可能になるという考え方です。

経済学では、これを欲望の二重の一致と呼び、それは偶然にしか成立しない。しかし、どんなものとでも交換可能な中間財の出現によって、この困難が克服されることになる。その中間財こそが貨幣の起源であるというものです。

こういった説明は、論理学的な思考としては面白いのですが、何か重要なことを見落としているように思います。

欲望の二重の一致は、あくまで相対取引についての想定ですが、もし、これが複数の人間による取引である場合には事情は異なってくるでしょう。

交換は様々な形で、同時多発的に行われていたと考えるほうが自然なような気がします。いや、ほとんど交換が行われているという意識などないところで、コミュニケーションの手段として、行われていたのかもしれません。

現代の社会においては、インターネットの普及によって、不要なものをネット上の市場で販売し、必要なものを買い取るという行為が可能になっていますね。

いずれの交換においても、あるいは貨幣と商品の交換においても、そこで行われているのは等価物の交換だということになっています。

これは考えてみるとすこし変です。物々交換の時代、あるいはそれが沈黙交易のようなものであったとしても、交換の当事者たちに、交換物が等価であるという想定があったとは考えられないからです。もしあったとすれば、すでに物の価値を計測する物差しが存在していたはずです。すでに、かれらの頭の中に、貨幣的な概念があったということになってしまいます。物々交換（欲望の二重の一致）の困難を克服するために貨幣が生まれてきたわけではないということです。

おそらく、順序は逆なのです。

まず、交換という行為があった。それはほとんど、無目的なもので、一種のコミュニケーションではなかったかと思います。

交換行為が進展するなかで、等価価値という概念が生まれる。

等価価値という概念がどこから生まれたのかが問題になりますよね。

わたしは、交換が異なる共同体間のコミュニケーションの手段だったということが、ポイントだったのではないかと思います。同じ共同体内部では、贈与交換のほうが一般的でしたから。

コミュニケーションとは、他者同士が、関係するということです。

関係性は、一方が呼びかけ、もう一方がそれに応答する。呼びかけも応答も、異なる言語の持ち主のあいだでは、贈り物という形式で行われる。

二者間の贈り物のし合いは、非対称的なものにならざるを得ません。

その非対称的な関係性のなかに、負債の感情が生まれてくる。最初の負債は、呼びかけです。そして、それに応答することで、負債を清算する。

贈与交換は、全体給付のためのシステムでしたが、相対《あいたい》的な交換の場合には、より多く与えるものと、より少なく返礼するものとのあいだに、負債関係が生じる。この負債関係こそが、等価価値という概念が生まれてくる根拠になります。

コミュニケーションの手段として、交換が先行して、その結果として、心的な負債関係が生まれ、それを修正するために等価交換という概念が生まれる。

わたしは、そのように推論するのですが、文化人類学者はすでに、様々な部族的な儀礼の観察から、いくつかの考えられうる推論をしていると思います。

述べたように、もしも、自分が差し出すものと、受け取るものとのあいだに等価関係が成り立っているから交換が可能になったのだとするならば、それぞれのモノの価値を測る尺度というものが頭の中にすでに存在していたということになります。

ところが、沈黙交易とは、最初は自分たちが交換しているものが何であるのかよくわからなかったかもしれないのです。

すくなくとも、等価であるという意識はなかったはずです。なぜなら、等価か等価でないかは、同じひとつの共同体の中でしか流通することができない基準であるからです。

最初の交換――「呼びかけ」と「応答」

書物が告げている沈黙交易は、ひとつの共同体と、別の異なる共同体の境界で行われていた非対面的取引です。

それぞれ価値基準の異なる共同体のあいだの交換は、等価交換の必要性から生まれたというよりは、異なる言語、異なる価値基準、異なるモラルを有する二者によって行われた、コミュニケーションだった可能性が高いと考えられます。

見知らぬものに対する呼びかけと、応答。

実際に対面はしませんが、自分たちの共同体とは異なる「外の社会」に対して、最初にすることは呼びかけることです。

何度か呼びかけていると、そこに応答の兆しがあらわれてくる。

「呼びかけ」と「応答」という交換が最初にあったのです。

以前、NHKスペシャルが放送した大アマゾンの特集[13]を見たときの驚きを、わたしは鮮烈に覚えています。

ペルー政府が大アマゾンに調査隊を派遣したのは、ブラジルとペルーの国境に生きている、部族名も言語も人数も不明のイゾラドという原住民が、絶滅の危機に陥っているらしいことを知ったからです。その理由の一つは、アマゾン流域の開発で敷設された高速道路です。それによって、イゾラドが生きていく空間が毀損《きそん》されたのです。ペルー政府は、イゾラドの保護地域をつくるために、かれらと接触するための前線基地をつくります。

調査隊と、同行を許されたNHKスペシャルの取材班は、ジャングルの奥地、アマゾンの流域で、イゾラドが現れるのを何カ月にもわたって待ち続けます。

細部は正確ではないかもしれませんが、このドキュメントの山場は、こんな感じです。

あるとき、ついにイゾラドが対岸に姿を現します。その数は一〇人ほどでしょうか。

言語も、習慣も、価値観も、文化も、生きている時代も異なる原住民族と初めて出会ったとき、いったい、どうやってコミュニケーションをとることができるのだろうか。

わたしは固唾《かたず》をのんで事の推移を見守りました。

最初は、調査隊の隊員たちが、鳥やけものの鳴き声をまねしたり、猿のような動作をして、相手の関心を引こうとします。そうすると、イゾラドも同じような声をあげ、同じようにけものの動きをまねします。

これが最初の呼びかけに対する応答でした。

どうやら、イゾラドはこちらに関心を示している。そこで、今度は、ボートの上にバナナを積み上げ、それを対岸へと押し出します。イゾラドは、ボートをキャッチして、バナナをとり、空になったボートをこちら側へ押し戻してきたのです。

わたしが驚いたのは、その次のシーンでした。

帰ってきたボートの中を点検すると、そこにイゾラドの使っている矢じりが置かれていたのです。

おお、とわたしは思わずうなりました。これこそ、交換の起源的な形態ではないかということです。わたしたちは、その現場をカメラのレンズを通して目撃しているのです。

このように、最初の交換は行われました。

これは、現代と過去という時代を違えたふたつの異なる共同体間で起きた出来事です。古代社会においては、交易の現場で、顔を合わせることはなかったようです。異なった共同体のはざまで、お互いに相手の顔を見ずに、交換が行われたのです。顔を合わせなくとも、何かを贈与されたとき、イゾラドがしたように、自分たちも何かをお返しする。それは、この原初的なコミュニケーションを続けたいというサインでもあったのではないでしょうか。そして、そのための交換の「場」は、異人たちがコミュニケーションする稀有な機会であったのです。

ソーシャルメディアと全体給付

交換の「場」の話になりましたが、現代における「場」の話題からトピックをひとつ拾ってみたいと思います。

最近、自分が経験した卑近な出来事についての話です。政治的な出来事というよりは、通俗的であり、ありふれた出来事です。

この本が出ているころにはみんな忘れてしまっているかもしれないのですが、ツイッターというソーシャルメディア（SNS）がありますね。そこで、菅野完《すがのたもつ》というひとのアカウントが永久凍結されるということがありました。ツイッターというのは、まあ言論の広場みたいなもので、それはとても便利だし、コミュニケーションツールとしては、最も洗練されたものですよね。菅野完というひとは、『日本会議の研究』という面白い本を書いて有名になったひとです。最近では、森友学園の問題で、籠池《かごいけ》泰典という理事長の相談にのって(本当のところはよくわかりませんが)、スポークスマンのようなことをしていました。かれは、ツイッターでは、いつも挑発的で政治的な発言をしており、それもときには、かなり口汚い言葉を使うこともあったのですが、タイムリーに時世を切り取るという点ではとても面白いことを発言するひとでもありました。フォロワーも六万人以上ありましたが、当然敵も多かったでしょう。

問題は、「Twitter Japan 社が、ある日突然、かれのアカウントを、事前通告も理由も告げることもなく、凍結してしまったことで始まりました。

わたしは、直感的に、これはちょっとまずいことが起きていると思いました。友人の内田樹くんが、すぐに「菅野完さんのツイートが Twitter 社によって凍結のニュースがTLに流れてきました。Twitter 社は彼のどの投稿がいかなるルール違反を犯したのか全ユーザーに開示する義務があると思います」と発言し、そのほかにも、茂木《もぎ》健一郎氏や、江川紹子氏も同様の発言をしていたと思います。

それで、わたしはどうしたのかというと、こんな発言をして、ツイッターから離れることにしたのです。

「菅野完氏のツイッター永久凍結は、大変重大なイベント。Twitter社がこれ以後も、何のコメントも出さないということならば、このプラットフォームは信頼できないということになる。凍結解除か、あるいは、Twitter社の納得できるコメントがあるまで、ツイートは差し控えることとする」

以後、わたしは、自分の発言の場を、自分のブログに移したのですが（いまはまた、ツイッターに戻っています）、この問題は言論弾圧的な表層とは別に、大変根深い問題を孕《はら》んでいると思います。

Twitter社は、米国に本社を置くひとつの民間企業であり、その民間企業が無料で開放している広場がツイッターというSNS空間です。したがって、その会社が自らの裁量で、特定の人間の発言機会を剥奪《はくだつ》したとしても、誰も文句は言えないということになります。無料ですからね。

しかし、一方で、ツイッターは全世界で数億人が利用しているサービスであり、すでに、公共的な空間でもあるわけです。

ここで問題となるのは、民間企業の営利活動と公共性の関係です。私的なものと公共性の関係の問題です。プライベートとパブリックですね。別に、英語にする必要はないのですが、不思議なことにこちらのほうが、わかりやすいですね。

まず、考えなくてはいけないのは、Twitter 社とは、いったいどうやって利益を確保しているのかということです。

Twitter 社の説明によれば、利益のほとんどは、広告収入だということになっています。そして、現在までのところ、事業利益は赤字のままだということです。では何で事業を存続できるのかと言えば、この会社に対する投資家の期待値が非常に高く、投資のお金がたくさん集まっていること、その資本金によっていくつかの事業体を買収して、そちらからの利潤があるということです。

問題は、この会社が本来の事業では赤字を垂れ流し続けているというところにあります。そして、赤字にもかかわらず、この会社は無料でコミュニケーションの場を提供しており、誰でも自由にその場を使って情報発信ができる。しかし、あくまでもこの場の主催者は、いち私企業であり、この場の使用に関するルールや運用に関しての権限はこの会社に属しているということが、言おうと思えば言える。

しかし、この会社の経済的基盤である、企業価値を保証しているのは、この場を自由に出入りしているユーザーなのです。だとすれば、ユーザーと主催者たる Twitter 社は、相補的な関係、あるいは共犯的な関係にあるわけです。会社は、ユーザーを利用して企業価値を上げることに腐心しており、ユーザーは会社が無料で提供している「場」を利用している。まあ、持ちつ持たれつといったところでしょうかね。

そこで、今回のような問題が発生したときに、いったい誰に、会社のルールを決める権利があるのかというのが問題となるわけです。

別の言い方をすれば、この会社が提供している「場」の所有権は誰にあるのかということ。あるいは、所有権は誰にも存していないのか。今回永久凍結された菅野完氏のアカウントには、六万人以上のフォロワーがいました。また、これまでに菅野氏が書き込んだツイート数もかなりの数に及ぶわけですが、これらの所有権は誰に属しているのか。そもそも、この場に参加するときに、会社と参加者は所有権に関する契約書を交わしてはいませんので、あいまいなままですよね。

この問題は、たとえば会社は誰のものかといった、繰り返し問われてきた問題と相似的です。会社は株主のものだという株主主権の立場に立てば、従業員は、株主に雇われた使用人に過ぎません。しかし、会社を設立し、登記し、社会的な存在として位置づけられている以上、会社は、幾分かは公共的な存在であることを免れないともいえます。なぜなら、会社が商品を消費者に送り届けるまでには、輸送用の公共機関を使用することになるでしょうし、消費者が購入したものを廃棄する段階では、公共の機関を利用したり、公共の廃棄物処理場を利用することになるからです。つまり、法人とは社会的な存在であり、株主のデスクや金庫に保管されている私有財産とは、まったく異なった文脈のなかに位置づけられなくてはならない存在なのです。

今日、英米の会社観は、株主主権論が主流ですが、ドイツにおいては会社は公器であるとの考え方が一般的のようですね。これは、たとえば両者の会社法における監査役の権限の違いにもあらわれています。ドイツの会社の監査役権限は、日本と比べれば格段に強いのです。また、理念的にも、英米では株主利益を最優先する「一元的企業理念」が貫徹されており、対してドイツでは従業員の利益も配慮した「二元的企業理念」が一般的で、この点では日本がグローバル標準なるものを採用する以前の会社理念に近いものがあります。ドイツでは監査役の権力を強化することで、「二元的企業理念」を守ろうとしているわけですね。

やや面倒くさい議論になりましたが、要するに、会社は私有財産ではなく、公的な機関であるという側面もあるということですね。

だから、Twitter 社は私企業なので、そこが提供する「場」に信頼がおけないのなら、わざわざ使わなければいいだけだといったような議論は、あまり深くものを考えようとしないひとの言い草だということです。

まあ、そんな言い草にむかっ腹を立てて、ツイッターという場所から去ったわたしも、子どもっぽいんですけどね。

なぜ、こんなことを言っているのかといえば、ツイッターというメディアは、全体給付のシステムになる可能性もあったわけですね。誰もが無料で、情報発信の機会を手に入れることができるわけですから。以前なら、個人が情報発信しようとすれば、プロバイダー料金だの、アプリケーションの費用だのを自費で支払わなければならなかったわけですから。

わたしは、しばらく後にツイッターに復帰しました。やはり、利便性には勝てないということもあったのですが、こうした媒体を自由発信の「場」にするためには、同じ思いを抱いている人間たちが、この媒体を使い、情報を発信し、その情報を共有してゆくことが大切じゃないのかなと思ったからです。

つまり、「場」は、与えられるのではなくて、自分たちで創造してゆくものであり、奪い取っていくものじゃないかと。

わたしがここで言っているのは、上からの全体給付、たとえばベーシックインカムのようなシステムではありません。

それはそれで、大変意味のあることだろうと思いますが、それが実現する前に、自分たちの生き方のなかから、全体給付のシステムを再構築してゆくことができないだろうかということなのです。一人ひとりの願望や、努力を結集することで、これまでとは異なる「場」がつくっていけるのではないか。

まえに、モラルが先にあったのではない。社会システムを説明したり、保守したりするために、モラルが事後的に生まれてきたと言いましたね。

わたしが、下からの全体給付のシステムという意味は、等価交換のモラルとは違うモデル、つまり現代における全体給付のモラルを、カウンターモデルとして、来《きた》るべき別なやり方を先取りして、提示できないだろうかということなのです。

もちろん、これが途方もない企てであることをわたしは知っています。

「みんなまとめて面倒見よう」

つねづね感じているのですが、会社の社長のタイプっていうのは、大雑把に言えば、二種類に分かれるのではないかと思います。

いや、あらゆるリーダーとか、トップとか、大将とか、ドンとか呼ばれるひとは、二種類のうちのどちらかのタイプに分類されるようです。もちろん、あくまでも大雑把な分類なんですけど。

自分の金儲けしか考えていない人間と、それから、みんなまとめて面倒見ようというタイプの社長。

実際にはそのどちらも折衷したタイプが多いのですがね。まあ、「みんなまとめて面倒見よう」派は失敗する典型かもしれませんね。

しかし、これ、案外深いテーマを含んでいるように思えます。つまり、この二種類の社長のタイプの違いとは、経済学者と文化人類学者の違いと相似的だってことなんです。まあ、これは言い過ぎなんですけど、わたしが言いたいのは、一方は、合理的選択論者で、もう一方は贈与交換論者だってことです。

どういうことかというと、一方は、人間とは、自分の利益が最大化するための合理的な方法をつねに考えて動くというところから発想し、もう一方は、人間はメンバー全体と自分をどうやって折りあわせるのかを考えて動くという発想から出発する。後者のような考え方は、会社でも適用され得る。贈与交換的会社論ですね。

ところが、贈与交換の関係の中に競争関係を導入したとたんに、どちらがより太っ腹であるかという寛大さの争いになり、最後はすべてを平等に破壊してしまうなんてこともあるんですよね。ポトラッチですね。ジョルジュ・バタイユが言った、蕩尽ってやつ。

そんなわけで（でもないでしょうけど）、みんなまとめて面倒見ようという社長はいまのご時世は損ばっかりしてる。

ほんとにやせ我慢して、損ばっかり。

自分の給料取らないで、給料払ってるわけですよ？　家売って会社の借金を払ってるわけですね。

でもそういう人間がいることによって、やっぱり社会っていうのが回っていくし、そういう人間を……。

そういう人間でも、やっぱり責任を取ったことによる報酬っていうのはあるのですよね。この場合の報酬ってのは、やっぱり金じゃないんです。金じゃない報酬がある。そして、そのほうが人間を豊かにするというか、幸せにすることがあります。周りに「有縁」のひとが集まってくるわけで、困ったときに助けてくれるとかね。

金は儲けたけど、死ぬときは一族郎等、遺産相続で骨肉の争いをして、金目当てに集まってきた友だちは去り、やっかいものがいなくなったって、みんな心のなかでは快哉《かいさい》を叫んでいるような人生って、やはり寂しいものだと思います。ビジネス上のつながりがあるから葬式には行くけど、みたいな惨めな光景になってしまうということが、実際にはありますよね。

金はね、生きていくための必要経費以上には、いらないのかもしれません。ないほうがいい。そういうことがある。

金がなくて、楽しく生活していけるのが一番いい。

でも、やはりお金は恋しい。

ずいぶん雑駁《ざっぱく》な感想になってしまいました。

本題に戻りましょう。

儀礼が引き裂かれた個人をつなぐ

わたしたちが生きている空間には、「無縁」社会と「有縁」社会という二つの異なった原理を持つ社会があります。典型的なものとしては、都市と田舎ですね。「無縁」の都市と「有縁」の田舎。もちろん、近代以降現実的には全体が都市化しているということもあって、明瞭に区別されるわけではありません。しかし、この二つの社会の基本原理は、まったく異なっています。

私事になりますが、このあいだ、四十九日で、日ごろまったく連絡を取ってない親戚が一堂に集まったんです。「ああ、こんな親戚がうちにはいたんだ」とあらためて思いました。一同をよく見りゃなんとなく顔が似ているひとがいるわけですよ。

それで、顔を突き合わせてお茶を飲んでいると、昔話になるんですね。わたしの父親は比較的大きな農家の後妻の長男でした。ただ、後妻の長男なので、家宅、田畑を引き継ぐことはできません。それで、結婚と同時に東京へ出てきた。終戦後すぐのときですから、何もない焼け野原に出てきて、そこで工場を作って一旗揚げようとしたわけです。

ところが、手持ちの金はすべて会社につぎ込んでしまうので、生活費に回らない。ちゃぶ台も買う金がないので、ミカン箱の上に板を敷いてご飯を食べていたらしいんです。母親の姉にあたる方が、わたしに話してくれたんですが、わが家の貧乏ぶりを見るに見かねた親戚たちは、相談して、ちゃぶ台を買ってプレゼントしてくれたのだそうです。それ以外でも、困りごとがあれば、なにくれとなく助けてくれた。それこそ、お互い様で、助け合って生きていたのです。

ところが、時代が下って子どもの代になると、もはやそういうことはほとんどしなくなります。親類縁者が集まることもほとんどない。助け合うということも、希薄になってきます。近代化してゆくというのは、親類縁者とのしがらみがなくなって、「無縁」化してゆくことなんだと実感するわけです。いや、それはもちろん、そうなることを自分たち自身で望んだからそうなったんですけどね。

近代化のプロセスのなかでは、血縁共同体とか、地縁のつながりなんていうのは、面倒くさいだけなんですね。あそこの家の誰それは、わたしが面倒を見たとか、葬式に出てこなかったとか、不義理だとか、ぐちぐち言われる。それだったら、お金でかたをつけたほうが手っ取り早いし、後腐れがない。

近代化とは、一つひとつの家庭のエンゲル係数が下がっていく過程でもあり、お金に余裕が出てくるプロセスでもあったので、お金でかたをつけられるものは、お金で処理することになるわけですね。

で、結局いま辛うじて、葬式や、四十九日、一周忌といったような法事や墓参というものだけが、「有縁」共同体の名残りとして存在しているというわけです。

実際のところ、世の中がどんどん「無縁」化していくなかで、最後の砦《とりで》のように「有縁」社会の習俗を残している儀式がなくなってしまうと、最終的には全部なくなっちゃう。先祖が何をしていたのか、どんな人間だったのか、地域でどんな役割を果たしていたのかといった記憶が途絶えてしまう。

わたしたちには、どこかに、それでいいのかという気持ちもある。

血縁共同体や地縁共同体というものが持っていたものが、金銭合理主義の前で、完全に無意味化されるのを引き止めるために、葬式や墓参を儀礼として残しているのかもしれません。本当は、葬式も、四十九日も、一周忌も、七回忌も、全部意味がある、実はね。とても深い意味があったのです。

確かに深い意味があったから、儀礼として残っているわけですけど、その深い意味のほうだけは、忘れてしまうわけです。深い意味を語るのはとても大変なことです。それを語るための言葉を、現代の人々は失いつつある。

だから、何とかしたいという思いで、わたしも、このような本を書いているのだけれど、それでも、なかなか語りつくせない。合理主義的なモラルが支配している現代の世の中で、古いモラルが、現代のモラルとは逆転していたんですよ、なんていうことは、なかなか説明できるものではない。

それでも、儀式だけは、なんとなく残さなければならないということで、辛うじて残っている。それを全部取っ払ってしまうことに、現代人といえども、ためらいがあるからです。ちょうど、ビルの谷間に、祠《ほこら》が残っているように。祠など現代社会の中では何の役にも立たないし、呪術的な意味も失っていると思いますが、それでも、それを取っ払ってしまうことを押しとどめる何かがあるんですね。

「無縁」の世界の代表のような永井荷風でさえ（いや、だからこそ）、『日和下駄《ひよりげた》』の中で、街場にひっそりと残っている淫祠《いんし》に対する思慕の念を記していました。まあ、そういうひとだったわけですね。

それでも、こういったものは形式だけしか残っていないので、時代が下れば下るほど、「なんで面倒くさくて、一文の得にもならないこんなことやってるんだ」ということになる。

わたしも同じようなものでした。

しかし、法事で親類縁者たちと久々に顔をあわせているうちに、やはり、こういったことは、自分で勝手に、「もうやめた」というわけにはいかないんだと思ったのです。

拒否することができない種類のもの。まえに述べた言葉を繰り返すなら、受け取りや招待に対する応答の「義務」ということです。

一度、こういった機会を失ってしまえば、もうそれは、戻ってはこないのです。

合理主義によって引き裂かれた個人個人をもう一度つなぎとめるという機会はなくなってしまいます。

「自分が何者か」、自分はどこから生まれてきて、どういうところのつながりで生きてきたのかということを再確認する機会も失う。

それでさらに、個人化に拍車がかかる。

自分には頼るべきひとがいないと感じる。困っても誰も助けてくれない。だから、最後に頼りになるのはお金だけだとなる。

本当は、そうではないんですね。カリブーの肉を分け合うイヌイットがそうであるように、困っているひとがいれば助ける。それが、共同体全体を存続させていくことにつながる。そして、そこからモラルが生まれ、行動規範が導き出されてくる。

このシステムは、わたしたちが普通考えるよりも、うまくできている。個人が自己利益の追求だけで生きているかのような価値観に歯止めがかかる。

むき出しの欲望の競争に歯止めがかかる。全体給付モデルは、人類史的な見識じゃないかと思えてくる。

そういうことが、歳をとってくるとだんだんわかってくる。若いうちはわからないかもしれない。でも、経験を積んでいくうちに、そういうことなのかという場面に遭遇するようになるんです。自分の肉体が劣化して、はじめて、肉体の機能というものを意識するように、老いていくプロセスを実感するようになってはじめて、ひとりでは生きていけない、ひとりで生きてきたわけではないということが見えてくるものかもしれません。

人間の生涯というものを考えたときに、生まれたばかりのときは自分の足ですら歩けない。幼年期というものは、生きるために必要なことは、ほぼ全面的に、自分ならざるものに負っているわけです。人間というのはネオテニーですからね。

不完全な状態で生まれてきちゃうでしょ？　動物の場合は生まれてすぐに自分の足で立って歩き出しちゃうけど、歩くこともしゃべることもできないという状態で生まれてきて、親や他人の世話になりながら成長していって、やがて自立して、自分のエネルギーで生きるようになるんですね。それがまただんだん歳をとってくると、他者の世話にならなきゃ生きていけなくなってくるんですから。

「お世話され上手」（釈徹宗師の言葉です）にならないと生きていけなくなっちゃうわけです。

だからそういう長い時間軸で、ひとりの人間の生涯というものを見渡してみると、実は、自分の足で立って、自分の力だけでやれる時間というのは、そんなに長いわけじゃないということがわかります。

その短い時間だけを基準にして、ものごとを判断し、社会といったものをつくってゆこうとすると、幼年期と老齢期の両サイドは、どちらも無駄なものとして排除されてしまうかたちになるわけです。やはり、それはだめでしょということです。

二つの原理を折り合わせる

これまで「有縁」の原理と、「無縁」の原理。田舎の生活と、都会の生活。贈与経済と等価交換経済について考えてきました。

どちらがよいとか、すぐれているとかいうことを言いたかったわけではありません。

わたしたちの社会は、つねに相反する二つの焦点がつくる規制力をコントロールしながら歴史をつくってきたのだと思います。

わたしたちが生きている社会は、単純ではありません。重層的であり、構造的でもあります。「有縁」の場所と「無縁」の場所では、価値を測る物差しが違います。モラルも、行動規範も異なっています。

その理由は、これまでご説明してきたように、運営の原理が違うからです。

一方は贈与・全体給付の原理で運営され、もう一方は等価交換と競争の原理で運営されています。

「有縁」社会では、共同体のなかに、限られたリソースの偏りができて争いごとが起きることを回避しながら、どうしたらメンバー全体に給付が行き届くかに気を配っています。一方、「無縁」社会では、ルールの範囲のなかで自由に競争し、社会全体を活発に動かすことを目指しています。

それは、長期的な存続を願う村社会と、出自や来歴を問われず、ひととモノが活発に流通できる都市社会に対応しています。

わたしたちの社会には、都市的なものがあり、田園があります。中心があって、外縁があります。個人のこころの中にも、相互扶助と利己的な欲望充足という相反する価値観が共存しています。あるときは、仲間や家族で和気あいあいとくつろぎたい気持ちになるでしょうし、あるときには、ひとりになって自由気ままにやりたいという気持ちになります。どちらか一つじゃなくて両方あるのです。どちらかを選べと言われても、それはできない相談なんです。

この二つの焦点がせめぎ合うとき、「折り合い」を付けることがとても大切なことになるのです。これは『小商いのすすめ』でも書きましたし、『反戦略的ビジネスのすすめ』でも書きましたが、生きていくうえで重要なことは、様々な矛盾する二項の「やりくり・折り合い・すり合わせ」をすることなのです。

英語でいうManagementとは、通常は、「管理する」とか「監督する」と翻訳されますが、語源的には「馬を手綱で御する」というところからきた言葉なんです。

競馬で言うところの「折り合い」ですよね。

競走馬は、走るに任せていると、先頭へ向かって全力で走ろうとする。しかし、騎手は、馬場の状態、コースの長さ、馬の血統や性格、スタミナに合わせて、その力を最大限発揮させるために、手綱を操って制御する。かといって、制御し過ぎてしまえば、馬は走る気を殺《そ》がれてしまう。理想的な騎手は、馬と折り合いを付けながら、人馬一体となって最適な走りを見い出していきます。

「やりくり・折り合い・すり合わせ」っていうのは不合理なもの、本来一緒にできないものを共存させながら現実的な処方を見い出そうという態度です。

様々な嗜好と欲望を持った人間の社会なわけだから「合理的に」だけでは解決できないのです。ただの金銭合理主義だけでは片付かない。金銭合理主義というのは、絶えず貸借関係を清算し、更新してゆくシステムなんです。しかし、それだけだと、近ごろ流行の言葉で言えばリセットを繰り返しているに過ぎないのです。

リセットしても、何も解決したわけではありません。

そもそも、金銭合理主義は、本当に合理的なのでしょうか。

たとえば、事故で傷ついた被害者に対して、加害者が賠償金を支払う。あるいは、浮気して離婚をした男性が、別れた妻に慰謝料を払う。こうしたことは、一見合理的に見えるかもしれませんが、本来的には外傷も心の傷も、もらったお金で「もとの状態」を買い戻すことはできないのです。当たり前です。

ましてや、死者に対しては、どれだけお金を積み上げても戻ってくることはありません。だから、裁判で支払いを命じたお金は、等価交換のためのお金ではないと言わざるを得ないのです。

ひとの命と等価なものなどはないですよね。

別に、「ひとの命は地球より重い」というような人命第一主義的なことを言いたいわけではありませんよ。ひとの命、つまりは、生きていることに対して、その価値を、誰も決めることはできないということです。計測不可能だということです。

にもかかわらず、裁判などで金額で弁済する形式をとりうるのは、まさに、現代の社会のなかでは、こうした問題に対して手っ取り早くけりをつけないと、先に進めないからです。それ以外には、責任の取り方がわからないからです。

お金というものの最大の力は、それがいつでも、どこでも、等価物を市場から買い戻すことができることにあると言いました。

しかし、生きている命は、市場からは買い戻すことができません。

命と、お金は、次元の違う単位であって、比較することも、交換することも原理的にできないのです。

ですから裁判や示談での、等価交換的な弁済は、ひとまずそれでけりをつけるという以外の意味を持ちません。

もちろん、過去のどのような社会においても、ひとの死に対して、責任を取ることは不可能なことです。しかし、ある部族社会では、償《つぐな》いの儀礼を延々と続けます。そうして、死んだものが、別のかたちで生き返ることを待とうとする。この問題の解決、もしくは忘却には長い時間が必要になり、ある場合には加害者と被害者の双方ともが、すべてを失ってしまうまで、繰り返されるということになります。けりがつかない問題だから、儀式として保存しておく。あるいは、時間というものに預けてしまう。

一方において、等価交換の論理では、すべてのものが交換可能であり、貨幣はそれを可能にする道具であるという幻想が共有されています。それゆえ、この幻想によって不可能を可能にするようなマジックが採用されることになるわけです。これは、合理的な解決というよりは、時間を節約するための方便とでもいうべきものです。

現代の社会が要請しているのは、解決不能な問題に長い時間をかけるべきではないということです。お金は、ここでは、問題を解決する道具なのではなく、単に、時間を節約するための道具に過ぎないのです。

お金は時間を節約します。それは、たとえば多対多の大がかりな交換において最も有効に機能します。もしお金がなければ、交換のための市場は、お互いの品物の見分に長い時間がかかり、決済までに大掛かりな輸送や、生ものであれば保存といったことも必要になります。

合理的に見える様々な人間の行為とは、多くの場合、金銭合理性のことしか指し示してはおりません。金銭合理性とは、金銭が持つ時間節約機能を最大限発揮するということに他なりません。

金銭合理主義者の前では、時間は、そのままではただの無為であり、無駄なものだからです。すぐにでも、時間を何か別の、交換可能なものに変換する必要があったのです。

わたしが言いたいのは、金銭合理主義とは、時間を思考の外部へ追い出すことによってのみ成立する合理主義だということです。長い時間を勘案すれば、多くのものは劣化したり、再生したり、変化したりしてしまいます。五十年後に倍に増える投資には、誰も興味を示しませんよね。配当を受け取るときにはもう自分は存在していないかもしれないのですから。ですから、すぐに、目に見える形で結果が出ることだけに腐心する。

その結果、価値一元的な社会というものが出来上がる。現代社会というのは、そういった側面が、かなり露骨に現れた社会だと言えるのではないかと思いますね。

「有縁性」と「無縁性」を自覚すること

しかし、短期的な合理性は、長い時間の中に置けば不合理になってしまうことがあります。

企業社会は、その典型ではないかと思います。会社というのは、利益の最大化を目的とする共同体だということになっています。九〇年代以降は、株主利益の最大化ということが叫ばれました。会社とは株主のもの（株主主権）なのだから、その株主への配当を最大化することが唯一の目的であるはずだというわけです。

そのような側面だけ見れば、会社とは最短で最大の投資効果を発揮するための、自己利益の追求機関ということになります。

会社を運営しているのが人間である以上、別の側面もあります。それは、会社を存続させてゆくために、お互いに助け合うという側面であり、関係者一同が共生してゆく「場」

でもあります。まえに述べたことですが、「ちょっと、この書類コピーしておいて」とか、「ボールペン貸して」とか、どれほど成果主義的な会社であったとしても、最低の相互扶助がなければ、組織は回っていかないのです。ですから、会社という、極めて合理主義的な共同体、目的が明確化された共同体においてさえ、なお、不合理ともいえる相互扶助的な貸し借りという「有縁」共同体の部分があるのです。

「そんなのは甘いよ」とか、「無駄なことは一切やるな」なんていう石頭の部課長をたまに見かけますが、その本人が、部下の無償の協力を必要としているわけです。

まあ、それでも、会社というものは、「利潤を最大化する」ための機関なのだという側面は強いわけで、現代においては金銭合理主義的な面がクローズアップされることになります。

会社は、それでいいのかもしれません。

しかし、会社の価値観と社会の価値観は、しばしば乖離し、倒立するわけですね。

会社のモラルと、個人のモラルもしばしば倒立して現れます。

社会全体が、会社社会のような階級社会で、弱肉強食で、成果主義一辺倒だったら、と思うとぞっとしませんか。でも、現実には、社会全体の株式会社化が進んでいます。

日本でも、国鉄が民営化され、電電公社が民営化され、郵政が民営化され、国公立の教育機関が独立法人化されるなど、次から次へと株式会社化が進みましたよね。いったん民営化され株式会社になったら、順風のときには、大きな利潤をあげることができますが、逆風になり、赤字をたれながすようになれば、畳もうが潰そうが、株主の自由です。

社会の持続可能性という側面から考えれば、このような傾向には大きなリスクがあると言わなければなりません。

会社の寿命三十年と言われて久しいですが、利潤をあげられるか否かという一つの物差しだけで存在の可否を問われる株式会社は、持続性ということに関しては脆弱な存在なのです。日本は、百年以上続いている会社数が世界で一番多いというのが自慢なんですが、この場合続いている会社のほとんどは、非上場の会社であり、創業者の哲学を守り通して、顧客の信頼第一を旨として経営されている会社です。株主利益がどうだとか、株価がどうだとかいったことに左右されずに、着実に続けているからこそ、信用も蓄積されるわけです。

そして、ほとんどの場合、長期的に存続している会社には、贈与精神と相互扶助の精神が息づいています。

実際に、細かく見ていけば、等価交換を旨とする金銭合理主義と、贈与を旨とする相互扶助は、現実的な社会においては、程度の差として現れるしかないわけです。

会社のような場所であっても、やはりこの二つの相反する原理は、意識されることなく日常的に共存しているのです。

結局のところ、経営者の見識や共同体の性格によって、どちらか一方が強く出てくるとしか言いようがないのです。つまり、二者択一ではなく、程度の問題なんですね。

そこをやりくりするところがマネジメントであり、そのマネジメントが会社の性格を決めていくことになる。

人類史的に見るならば、まず生き延びていくための「有縁」の社会があって、共同体と共同体のはざまに、「有縁」のしがらみの原理から自由な「無縁」の装置をつくったということなんじゃないかな。

最初に「有縁」ありきなんですね。

どんな冷徹な社長だって、どんなヤクザの親分だって、自分の家に帰ったら自分の家族を大事にしちゃうわけなんですね。自分の娘に甘い顔をするじゃないですか。

それであるとき、というのは八〇年代中ごろだと思うのですが、「有縁」の価値観と「無縁」の価値観をうまく切り替えられるのが仕事のできるやつだという言説が出てきた。「土日は自分に戻る」みたいな。

でもそういうもんじゃないだろとわたしは思いました。それはただ、「有縁」と「無縁」を切り替えているだけです。

そんな簡単にデジタルな変換ができるものではありません。

今日、どんな「有縁」の社会のなかでも「無縁」性というものが入り込んできており、どんな「無縁」社会にも小さなコミュニズムが動いているわけです。

時と場合に応じて、どちらか一方を選んできっぱりと切り分けるなんていうのは、違うだろうと思います。こうした態度は、ただ自ら負うべき責任を逃れて逃げ場をつくっているだけに過ぎないのではないかと思ってしまいます。

大切なことは、自らのなかにある「有縁性」と「無縁性」を自覚することです。そして、そのどちらも行き過ぎないように制御すること。

それが、節度ということなんだろうと思います。

折り合わせることが重要なのです。

本来は、そういうことをうまくできるひとを「大人」って言うのだと思うのです。なかなかいないですよ。そういうビジネスマンは。

子どもはどっちかにいっちゃうわけで、どちらか一方の物差しだけでやっていくことしかできなくなると、社会全体が幼児化してくるんですね。

当今、ネット上で目にする差別的な言辞《げんじ》を見ていると、日本人はつくづく幼児化したなと思います。

民族差別もそうですし、「日本スゴイ」もそうです。

どうして、すごいところもあるかもしれないが、ダメなところもあるという当たり前のことが受け入れられないのでしょうね。どうして、自分と出自や価値観の異なる人々と共生しようと工夫しないのでしょうかね。

わたしたちの生きている世界には、「有縁」と「無縁」、お金と信用、欲得と慈愛という相反する焦点があって、それがいつも綱引きをしている、ということを理解していただければいいのかと思います。

いつも、焦点が二つあり、それらは反発しながら、相互に依存している。

楕円幻想ですね。花田清輝が出てきちゃった、ここで。

6・21世紀の楕円幻想論

――生きるための経済

花田清輝が描き出した死と再生

「楕円幻想」って知らない？

花田清輝というひとが書いたエッセイです。

戦時中に、花田はこの転形期をいかに生きるかの規範を、ルネサンス期というもうひとつの転形期を生きた芸術家のなかに投影して、『復興期の精神』というエッセイを書き、一九四六年に出版しました。

ダンテ、レオナルド、マキャベリ、コペルニクス、ゴーギャンに始まり、ヴィヨン、ゲーテに至るまで、転形期に精彩を放った詩人、画家、哲学者、科学者の肖像を描き出したのです。「楕円幻想」は、そのエッセイの中の一つで、詩人のフランソワ・ヴィヨンを題材にして、近代以前と近代以後という二つの時代のはざまの社会を、二つの焦点を持つ楕円に擬して描いています。

ルネサンスとは再生という意味ですね。ルネサンスが再生なら、その前はなんなのだというところに花田は着目したわけです。死があるから再生がある。

では「何が死んで、何が再生したのがルネサンスなんだ?」という問いを立てた。この問い自体が戦後という転形期のひとつのメタファー（暗喩）になっています。

ヴィヨンというのは聖なるものを表現する詩人でしたが、窃盗団のメンバーになったり、殺人、強盗、飲酒に明け暮れたりといったゴロツキでもあったわけです。ちょうどその時代に、「宇宙は楕円である」という科学的な言説も出てきたんですね。それまで円を描くと思われていたのが、「宇宙軌道は楕円である」という科学的な発見があった。楕円軌道を描くというのは、数学的に言えば、焦点が二つあるということです。

花田は冒頭近くに、こんなことを書いています。

我々は、或るときには、楕円を点の軌跡とみ、或るときには、円錐《えんすい》と平面との交線と考え、また或るときには、円の正射影としてとらえ、無数の観点に立つことによって、完膚なきまでに、楕円にみいだされる無数の性格を探求すべきであった。惑星の歩く道は楕円だが、檻《おり》のなかの猛獣の歩く道も楕円であり、今日、我々の歩く道もまた、楕円であった。

いうまでもなく楕円は、焦点の位置次第で、無限に円に近づくこともできれば、直線に近づくこともできようが、その形がいかに変化しようとも、依然として、

楕円が楕円である限り、それは、醒《さ》めながら眠り、眠りながら醒め、泣きながら笑い、笑いながら泣き、信じながら疑い、疑いながら信ずることを意味する。

〔『日本幻想文学集成　花田清輝』「楕円幻想」五一～五二頁〕

ここで、花田清輝が言っているのは、世の中には様々な見方があるということではありません。これを、文化相対主義的な視点や、多様性といった言葉で説明したら、ありきたりのことを言っているに過ぎないということになります。そんなのは、面白くありません。

花田が言っていることの意味は、相反するかに見える二項、これまでわたしが言及してきた言葉で言えば、「縁」と「無縁」、田舎と都会、敬虔《けいけん》と猥雑《わいざつ》、死と生、あるいは権威主義と民主主義という二項は、同じ一つのことの、異なる現れであり、そのどちらもが、反発し合いながら、必要としているということです。

どちらか一方しか見ないというのは、ごまかしだということです。

ごまかしが言い過ぎだとすれば、知的怠慢と言ってもいいかもしれません。

ここで、「同じ一つのこと」とは、何を意味しているのか、それが問題です。

ひとは、完全な円、つまり一つの中心しか持たず、その中心から等距離にある点が描く図形に憧れるものです。

日本国を象徴する日の丸は真円です。

大相撲の土俵も、日本人が描いてきた十五夜の月も、太陽も真円でなくてはならない。真円でないとかたちが整わない。落ち着かない。

二つの焦点によって規定された点の軌跡を、どっちつかずで、あいまいで、優柔不断なものだと思いたい、という性向があります。

二つの焦点を持つということは、たとえば人間の生と死が描き出す人間模様を、同じ一つの図像として眺めるという態度です。

生きている人間よりは、死んで動かなくなった人間を観察して、これが人間というものだという判定をしたほうが、わかりやすいのです。

しかし、生きているということ、現実というもの、現場というものは、そういうふうにわかりやすくはできていません。対立しているかのように見える二つの事象は、同じ一つのことが生み出したものであり、一方だけを見てわかったつもりになるというのは、ただ、「そのように見たい」という人間の性向を示しているだけで、現場に降り立って、注意深く観察すれば、そこにはもう一方の見えない引力がつくる磁場が見えてくるはずです。ひとは円の亡霊にとり憑かれたいのです。

「楕円も、円とおなじく、一つの中心と、明確な輪郭を持つ堂々たる図形であり、円は、

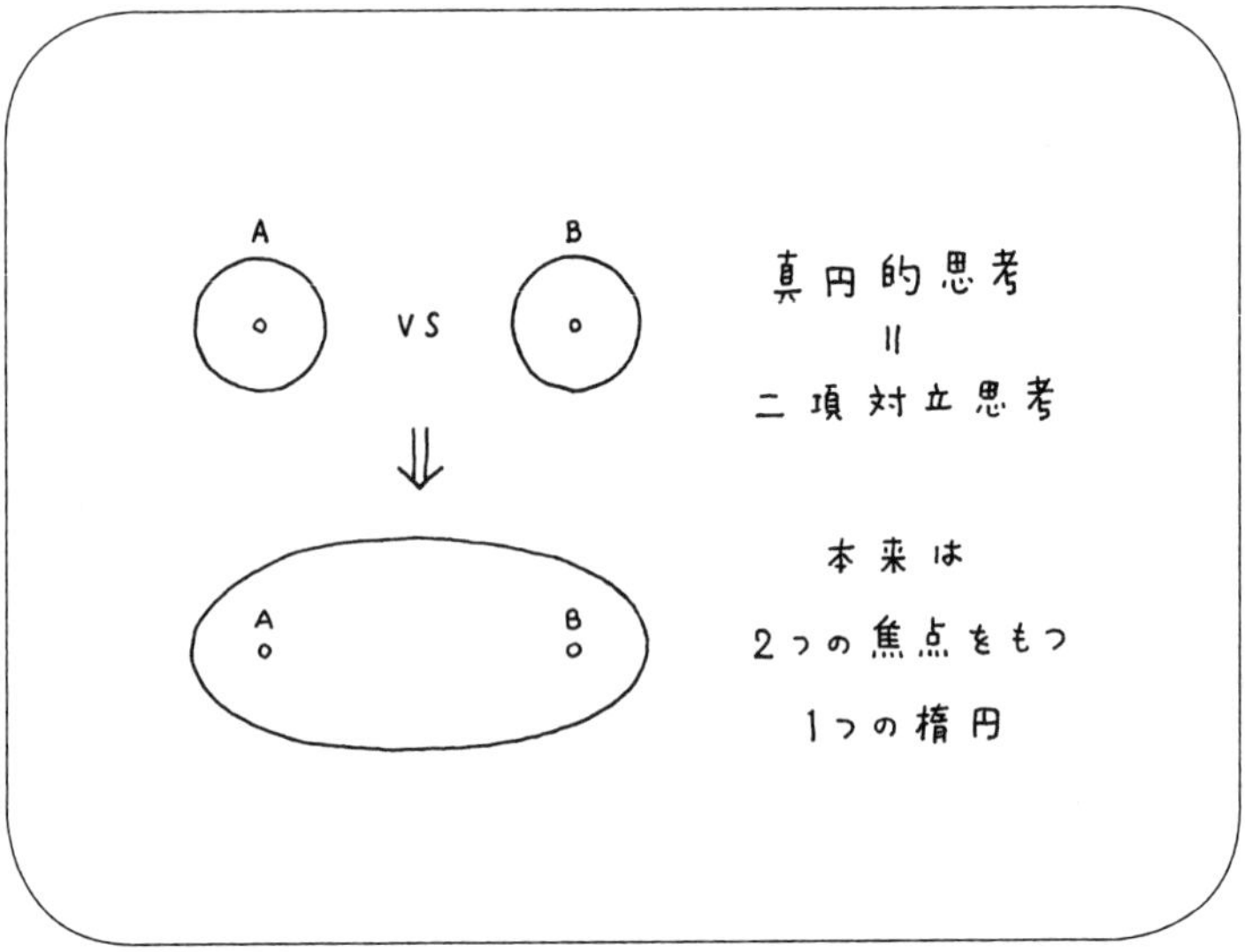

むしろ楕円のなかのきわめて特殊の場合である」と、花田は言っています。

にもかかわらず、ひとは真円の潔癖性に憧れる。

しかし、真円的な思考は、楕円がもともと持っていたもう一つの焦点を隠蔽《いんぺい》し、初めからそんなものは存在していなかったかのように思考の外に追い出してしまいます。

真円的思考とは、すなわち二項対立的な思考であり、それは田舎か都会か、科学か信仰か、権威主義か民主主義か、個人主義か全体主義か、理想主義か現実主義か、どちらを選ぶのかと二者択一を迫ることです。

引き裂かれた立身出世主義

選べないものを選ぶよりは、逡巡《しゅんじゅん》せよ。

わたしは、そう思います。

「選べない」には、理由があるのです。大切なことはその理由の中にあります。選べない現実の前で、立ち止まり、戸惑うことの中から、思ってもいなかった風景が目の前に開けるということもある。選べない理由の意味は、ためらい、逡巡しなければ見えてこないのです。

現代の楕円幻想は、思わぬところに顔をだしますよ。

たとえば、それは、作詞家松本隆が描き出した『木綿のハンカチーフ』。

一九七五年に発表された、歌謡曲『木綿のハンカチーフ』の中で、松本隆は、都会に出ていく青年と田舎に残る少女の遠距離恋愛の形を借りて、田舎と都会、情とお金、生産と消費という相矛盾する二つの項を鮮やかに対比させてみせてくれました。この歌は、故郷の田舎に残された女性が、都会に染まった男の「流行りの指輪」を贈るという言葉を拒絶し、その代わりに「涙を拭く木綿のハンカチーフ」をくださいと応えるところで終わります。

この歌が格別なのは、労働から消費の時代へ移ろうとする日本の移行期を、当時の青年たちがリアルタイムで経験していたからです。誰もが、それ以前の労働中心の価値観と、それ以後の消費中心になっていく価値観とのあいだで逡巡し、引き裂かれていたのです。

この歌は、太田裕美《ひろみ》というかわいい少女が歌っていたので、女子の純な情感を表現した歌であるかと思うかもしれませんが、もしそのように、この歌を聴いてしまうならば、都会の色に染まらない、純潔無比の少女の健気さを表現する陳腐なストーリーにしかならないだろうと思います。そうではなく、この歌は徹頭徹尾、男目線の、ある意味で身勝手極まりない歌なのです。

団塊の世代の人間はこの歌を聴くと泣けてきちゃうんですね。本当ですよ。

わたしの空手の師匠は、集団就職で、栃木から東京の町工場に出てきたひとですが、見るからにごつい、およそ甘ったるいところのない男なんですが、この『木綿のハンカチーフ』が好きなんだそうです。

一度、この師匠を含めた道場の門人たちと、カラオケに行ったことがありまして、そのときわたしがこの歌を歌ったら、師匠も一緒になって歌いだして、涙ぐんでいるんですよ。

こんな甘ったるい歌に「どうして?」と思いましたが、団塊の世代で、地方から東京に出てきた男たちは、多かれ少なかれ、同じような体験を持っているんですね。

そして、『木綿のハンカチーフ』を聴いて泣く。

どうでもいいような話に聞こえるかもしれませんが、この「泣く」ってのが、正しい態度であるとわたしは思うのですよ。

泣くしかないのですよ。

どうして泣くのかといえば、自分が捨ててはいけなかったかもしれないものを捨ててしまったことや、それでも生きていくためには東京に出てくる以外の選択肢はなかったこと、東京での生活を享受していること。その両方の感覚に引き裂かれているからです。

どうして感覚が引き裂かれるのかといえば、それはこの歌を聴いている本人が当事者として経験してきた問題だからです。そこに、自分を発見してしまう。

自分というものを抜きにしては、引き裂かれて泣くなんていうことは起こらない。

どんな問題にせよ、自分を勘定に入れずに、見たり聴いたり、考えたりしている場合には、引き裂かれるというようなことにはならない。

しかし、自分を勘定に入れた場合には、どのような自己決定であったとしても、そこにはうしろめたさのようなものがどうしても残るのです。

なぜなら、何かを選んだということの背後には、選ばれなかったことのすべてが残ったままだからです。選ばれなかったものにも、存在する理由があった。そちらを選んでもよかったかもしれないのに。

このうしろめたさを、負債感といってもよいかもしれません。本当はやらなければならなかったことを、やりのこしたままにしているということです。負債を引き受けずに、逃げたという感覚です。

誰にでも、解決できないような問題があって、それでもなお、現実には選ばなくてはならないということがあるはずです。そして、自分を勘定に入れて思考すれば、過ぎ去った過去の前で、引き返そうかと逡巡することになります。そして、そのときだけは、選ばれなかったほうの人生が思いやられる。

松本隆というひとが、そんなことを考えて作詞したのか、あるいは職業的な勘で、ひとつの物語をつくり出したのかはよくわかりません。

しかし、それは問題ではありません。

この歌ができた時代。戦後長く続いた高度経済成長の時代が終わって、新しい時代が始まろうとしていました。一九七三年にオイルショックがあって、日本経済は戦後初めてのマイナス成長となり、以後二度と高度経済成長期のような一〇パーセント近い経済成長率に戻ることはありませんでした。『木綿のハンカチーフ』は、一九七五年に、太田裕美という歌手によってミュージックシーンに登場して、大ヒットします。

もし、この歌が、この時代に登場しておらず、もう十年前か、十年後であったら、これほどのヒットをしただろうかと思います。十年前は高度経済成長真っ盛りの時代であり、十年後はバブルに浮かれていた時代なのですからね。

この時代に青年期を終わろうとしていた多くの日本人たちの気持ちの中で、ひとつは、個人的な経験としての田舎から都会へ、わたしの場合ならば、東京の場末の町工場から新宿や渋谷に根拠地を移動した経験があり、同時に、日本人全体が、ほとんど食うために生きてきた時代から、消費を楽しむ時代へと転換してゆく、ちょうどその転形期にあったのです。

その転形期に、青年から大人になろうとしていた団塊の世代のひとたちは、個人の経験としても、日本という国の行くべき方向性としても、引き裂かれているという感覚があったのではないかと思います。

移り住んだ場所の光が強ければ強いほど、その引き裂かれる感覚ははっきりと自覚される。

かつてわたしは、松本隆がいたバンドである「はっぴいえんど」のメンバーより、すこし年長の詩人である、清水哲男の詩の二行を、『株式会社という病』という自著の中で引用したことがありました。

光を集める生活は
それだけ深い闇をつくり出すだろう

〔『短い鉄の橋を渡って』清水哲男〕

そのときは、戦後の日本経済を論じる中で、失われた八〇年代を総括する意味で引用したのですが、この二行は、もっとずっと射程の長いものだったと、あらためて思います。『木綿のハンカチーフ』に涙した団塊世代の男たちと同様に、日本という国家もまた、戦後がつくり出した立身出世主義の清算を迫られていたのです。

問題を引き受けるということ――本当の自己責任

自分の経験としても、労働者の社会から、知的な社会へ逃げ出したいという気持ちが強かったのだろうと思います。ブルーカラーの社会にいると、どうしてもホワイトカラーの社会に憧れるんですね。別の言葉で言えば、「しがらみの社会からしがらみのない社会に逃げ出したい」という気持ちがあったんだろうと思います。

その背景にあったのは、自分でも気が付かないほどに抑圧された、立身出世主義でした。立身出世主義あるいは上昇志向。経済的にも社会的にも成功し、豊かな生活と、周囲の尊敬を集めたいという気持ちに促されて、努力を重ねてきた結果、振り返ってみたら、こんなはずじゃなかったという気持ちになる。

立身出世主義というのは、『木綿のハンカチーフ』の青年と同じように、田舎に恋人を置き去りにし、父や母を精神的には殺していくようなプロセスであり、それはまた、父や母も望んでいたことでもあったのではないでしょうか。男の論理としては、田舎に残った恋人もまた、男が立身出世することを望んでいたはずだと思いたいのかもしれません。

身勝手ですよね。いい気なものです。

しかし、個人も、日本も、戦後という時間のなかで、自分の身勝手な欲望を抑圧して、皆がそれを望んでいるはずだと信じながら、やってきたように思います。

それが、近代化というものが持っているアンビバレントなものを引きずって到達した場所なのではないでしょうか。

しかし、だからといって、いつまでも、「泣いて」いたり、逡巡しているわけにはいきませんよね。

泣いたり逡巡したりする時間は大切であり、必要な時間であったとわたしは思います。同時に、どうやったら、このアンビバレントな状態から抜け出せるのかを考えることも必要になります。

解決がつかない問題を前にして、わたしたちは、どうしたらよいのだろうかということです。

わたしは、解決がつかない問題を、安易に解決してはいけないと思います。これまで考えてきたように、解決がつかない複雑な問題を前にしたときに、とりあえずわたしたちがとり得る態度は、「泣く」「ためらう」「逡巡する」です。つまりは、立ち止まって足元を見つめる時間を持つということです。

解決がつかない問題というのは、たとえば、経済的なハードルが高すぎるとか、自分の能力では及ばないために、解決がつかないということではありません。

どちらも自分にとっては大事であって、選ぶことができない。あるいは、一方を立てれば、一方が立たない。相矛盾しているのだけれども、どちらも現実だというような両義的な問題のことです。

こういった問題を整理し、選択し、どちらか一方に集中するというやり方は、一見スマートで、合理的に見えるかもしれませんが、わたしはこうした態度は、問題からの逃避であると思うのです。

解決がつかない問題の前で、逡巡する時間を経たのちに、わたしたちがとるべき態度は、「やむを得ず、引き受ける」こと以外にはないように思います。

解決がつかないままに一身に引き受ける、というんですか。

合理性が大事なんじゃないんですよ。どちらか一方を切り捨ててしまえば簡単なんです。でも、どちらも、まあ、やむを得ず引き受けようじゃないか。

本書の冒頭近くで言及した「自己責任」とはこういうことだろうと思います。「自己責任」とは、解決不能の問題を、ちゃんと引き受けられるようになることではないかと思います。つまりは、自分に責任のないことを、自分の責任として引き受けるということです。

そういうことが、現実の世の中にはたくさんあるのです。

貨幣の自己増殖力

まとめの意味でも、お金についてもう一度考えてみましょう。

貨幣とは、等価交換を加速する道具だと言いました。

確かに、貨幣の出現以降、一気に交換の頻度が増加しました。貨幣以前の交換は、需要するものと、供給するものの出会いの「場」は、限定的にならざるを得ませんでした。儀礼的な贈与交換を別にすれば、物々交換は、偶然によってしか成立しなかっただろうし、沈黙交易の「場」は、異なる共同体の交わるところに限定されていました。

遠隔地貿易の時代には、利潤を確保するために、ヨーロッパから東インドまでの危険な航海をしなければなりませんでした。

しかし、貨幣の出現によって、交換の場所も、時間も、自由に設定することが可能になったのです。

それは、商品市場の急激な拡大と、膨張を招来しました。

この交換頻度の爆発的増加の秘密は、貨幣というものが、非同期的交換を可能にしたところにあります。

貨幣という商品が、使用価値を持たない、交換価値だけを持つものであるという根源的性格がこれを可能にしたのです。

貨幣的なものが、使用価値と交換価値の両方の価値を持っていたとするならば、これほど貨幣交換が進展したかどうかは疑問です。なぜなら、使用価値は、時間によって劣化したり、腐敗したりすることを宿命づけられており、そのことによって貨幣価値自体も、減少してゆかざるを得ないからです。それでは、貨幣の価値が揺らいでしまうことになります。

貨幣が、いかなる使用価値も持たない、交換価値だけの担い手になったとき、はじめて貨幣は、時間的制約から解放され、劣化しない商品として、大きな力を持つことになりました。ボロボロの一万円札も、新札も、同じ価値を持つことができるのは、貨幣に使用価値がもともとなかったという理由によります。

しかし、使用価値のない、交換価値の担い手である貨幣の価値の存在基盤は盤石ではありません。というのは、貨幣の価値を支えているのは、その貨幣がすべての商品と交換可能であるという神話性にしかないからです。

言い換えるなら、貨幣流通の場のメンバーによる信用、あるいは信憑以外にはないからです。

実際に、貨幣に対する信頼がなくなったとき、かつての日本政府が発行した軍票や、一時期危機に陥ったドイツマルクや、ロシアルーブルや、アルゼンチンペソのように、一気に交換能力を失ってしまうわけです。それは、貨幣の発行主体の破綻による場合もありますし、ハイパーインフレーションによる場合もあります。

このような貨幣の不思議な性格は、人間関係を変質させることになりました。モラル、責任、義務といったものを、貨幣以前のものから、別のものに変えていったのです。

その最大の変化は、全体給付モデルを採用していた時代の相互負債関係のモラルから、貨幣交換の時代の貸借関係のモラルへの一八〇度の転換でありました。

・贈与は義務である
・贈与に返礼してはいけない
・贈与物を退蔵してはならない

というモラルから、

・返礼を受けるのは当然の権利である
・貸借関係は等価交換によって清算されなければならない
・貯蓄は美徳である

というモラルへと転換したのです。

貨幣の出現が、いつでも、どこでも、貸借関係をつくり出し、同時に、清算を促し、関係を更新することを可能にしたのです。

そして、そのサイクルの速度が速ければ速いほど、適用範囲が広ければ広いほど、貨幣の力は増加し、万能性を獲得することになります。

その結果、本来は貨幣との交換になじまなかった領域まで、すべてのものを貨幣価値によって置き換えていくことになりました。

こうした貨幣の万能性を最大限生かしながら、資本蓄積の役割を担ったのが、株式会社という利益共同体のシステムでした。

株式会社は、一方では雇用をつくり出し、メンバーに給付する役割を持っていましたが、もう一方ではもっぱら貨幣の自己増殖の機会を提供する役割を担ったのです。

それこそが、株式会社の持つ根本的仕組みである、資本と経営を分離するという、かなり危うい構造に由来するものでした。

お金のもう一つの性格である、腐敗しない、時間の影響によって劣化しないということが、人々や会社がお金を退蔵することに、拍車をかけました。

そうした結果の一つの現れが、富の一極集中でした。

退蔵によるお金の集中は、消費社会においては、何ものも及ぶことのできない権力となりました。なぜなら、お金は、他のすべてのものを貨幣価値へと還元することができるからです。貨幣は、政治も、教育も、モラルさえも、すべて、効率や生産性という貨幣的尺度によって計測することができるという超越性を持ったのです。

人々も、選挙のたびごとに、経済的な安定に一票を投じ、政治家は経済政策を第一に競います。貨幣の万能性が開花した結果が、現在の市場経済であり、消費資本主義というわけです。そうした貨幣の自己増殖力には、富の平等分配といったような計画性はありません。貨幣の自己増殖力こそが、あらゆる障壁や規制を緩和し、廃止して、富の一極集中をさらに亢進《こうしん》させるのです。

米誌フォーブスが毎年発表している、富豪リスト「フォーブス400」の二〇一七年版によれば、ビル・ゲイツ、ウォーレン・バフェット、ジェフ・ベゾスのわずか三名の資産合計が、全米下位五〇パーセントの合計資産額を超えているとのことです。

わずかな数の、コンピューター、金融、電子書店の先駆者たちが、世界の富を独占し、世界の経済を牛耳っている。弱小メーカーや、街角の書店は、厳しい価格競争にさらされ、買いたたかれ、淘汰されざるを得なくなる。

やはり、これは異常なことだと言わなくてはならないでしょう。

いったい、わたしたちは、これまでどおりのやり方で、つまりは、市場の原理という一つのやり方だけで、これから先の未来を秩序あるものとして保っていけるのでしょうか。

お金儲けをどん欲に追求する株式会社は、自らの欲望をコントロールすることはできません。自由主義経済とは、そういうものですからね。これまでは、このコントロール不能の欲望こそが、経済成長や文明進展の原動力でした。

しかし、この制御不能の富の追求が、大気汚染や、乱獲による環境破壊といったことを引き起こすことにもなったのです。

富の集中は、様々なところに影響を及ぼすことになります。

かつてはただだった水も、共同の利用地だった場所も、教育や医療や介護、保険といった共同体の制度資本の領域も、株式会社が囲い込んで、商品としてパッケージ化され、販売されるようになっているのです。

モノもサービスもステータスも、貨幣によって計量され、貨幣と交換可能なものになってゆきます。

お金の力の凄まじさを感じますね。

価格さえ付いていれば、いつでも、どこでも、誰にでも、平等に手に入れることが可能になったのです。ただし、それらと交換できるお金があればね。

逆の言い方をするなら、お金がなければ、何もできなくなるということです。

そして、そのことが、お金の仏神性をさらに高め、お金の信用力を高めるのです。

遠隔地貿易の時代、産業革命の時代といった、時代の大きな転形期に、お金というものが暴力的ともいえる威力を発揮し得たのは、こうしたお金の性格によるのでしょう。

絶えず関係を更新すること、つまりは絶えざる変化をつくりだすこと。

このお金の自己増殖性こそが、現在を特徴づけるパラダイムだとわたしは考えます。

野生のモラルを、もう一度

これまでは、この貨幣の威力が、文明の進展に大いに役立ってきたのも事実です。

しかしそれは、あらゆるビジネスの活動プロセスの最初に存在している、自然から人間への贈与が、無尽蔵であると信じられている限りの話です。

貨幣の存在理由は、貨幣が貨幣として流通しているということへの信憑だと言いました。その意味では、貨幣が今後も万能の力を有していられるのは、世界の経済が右肩上がりを続けていられる限りにおいてです。そんなことが、永遠に続いていくわけはない。

すでに、先進国における総需要の減退は、総消費の減退になって、経済成長を鈍化させています。

かつて、ウルグアイのムヒカ大統領（当時）が言ったように、もし、「ドイツ人が一世帯で持つ車と同じ数の車をインド人が持てばこの惑星はどうなるのか」[14]。この素朴な疑問が、現実味を帯びてきたといえるでしょう。

中国とインドが、全体的な近代化を遂げ、世界の消費市場を大きく変化させてゆくのは、目に見えています。

世界で最も貧しい大統領と呼ばれたホセ・ムヒカが言っていたのは、石器時代に戻れということではないのです。

かれは、文明をコントロールしなければならないという、当たり前のことを言ったに過ぎません。

そして、そのためには、一人ひとりの人間は、その生き方を見直せと言っている。いや、そんなことはない。科学技術の進展や、イノベーションが、これらの問題を解決するはずであると言われるかもしれません。

お前の見方は悲観的過ぎると言われるかもしれません。

科学技術は、後退することはありません。どこまでも、新しい技術を開発し、人間の可能性を広げていくことになるでしょう。ただし、そのことが、これから先も、人間と社会にとって、幸福をもたらすと考えるのは、楽観的過ぎるように思えます。遺伝子操作技術や、人工知能の開発の進展を見ていると、自然が操作されてしまうことに、少なからぬ不安を覚えます。それらの技術が自然人としての人間を別なものへとつくり変えてしまうような恐怖さえ覚えます。クローン技術や、細胞の再生技術の行き先には何があるのでしょうか。

不老不死や、あらゆる人間労働を機械が代替すること、コンピューターによる意思決定。ビッグデータ分析と、確率が支配する世界というものは、殺伐とした未来にしか思えないのです。

おそらく、科学技術もまた、貨幣と同じように、自己増殖的な性格を持っており、コントロールすることが難しい。原子力をうまくコントロールできずにいるように、科学技術の進展をコントロールすることはできません。ときに、それは暴走する。

そして、科学技術の方向性を決めることができるのは、結局のところ人間だけだろうと思います。

同様に、貨幣の自己増殖力をコントロールできるのも、人間だけです。

もちろん、それすらも、コンピューターが、合理的な最適解を指し示すことになるでしょう。

しかし、合理性とは、あくまでも、それが何にとって合理的なのかという合理の枠組みがあってこそ成立するものです。欲望充足のための合理性だったり、時間短縮のための合理性だったり、生産性向上のための合理性だったりといった具合です。現代社会における、合理性の枠組みとは、経済だといってもよいかもしれません。

まえに、合理的選択理論について、話しましたよね。これが、必ずしも現実を説明しえないのは、それが単一のモデルでしかなく、人間の行動は多様であり、絶えず変化するものであることを見落とすからです。

同じ性能で、価格の違うものがあれば、人間は必ず安いものを選好する。

快と不快が並んでいれば、人間は必ず快を選択する。

安全と危険があれば、人間は必ず危険を避けるように行動する。

誰もが、最低のコストで最大の効用を求めるように行動する。

でも、実際にはそうではない選択をし、行動をするのが人間です。

機械ならば、一つのデータ入力から、最も経済合理的と思われるアウトプットをはじき出すことができますが、人間の身体を通過したとたんに、わけのわからない結果が導き出されるということが往々にしてあるのです。

その理由は、人間の目的は一つではないし、人間が必要だと思っているものも一つではないからです。

かつて、わたしは『株式会社という病』という自著の中で、「会社の目的は唯一、利益の最大化だけかもしれないが、人間にとって、利潤の最大化は、いくつもある目的のうちの一つでしかない」と書きました。

「ひとは、自分で意思したこととは、異なったことを実現してしまう動物だ」とも書きました。

人間は、自分の頭で考えていることとは違う、複雑で、突飛な行動をすることさえしばしばありますよね。

なぜひとは、険しい山に登ったり、断食の修行をしたり、何の得にもならない盆栽いじりに没頭するのでしょうか。

わたしたちは、わたしたち自身のことをよく知らないのです。ある数値を入力すれば、毎回決まった出力が得られるようには、できていない。ひとは、自分でもよくわからない一見不合理な作業に没頭したり、夢中になって喜んだりしちゃうんですね。でも、そこには、いつも、わたしたちがよく知らなかった理由がある。全体合理性？　自然適合性？　偶有性？　うまく言葉にできませんが。

最近は、これまでとは違うやり方を求める動きがあります。帰農するものがあり、田舎へ移住するものがあり、貧乏なものたちが、困っているひとたちを助けようと動いています。

十八世紀以来、文化人類学者がジャングルの奥地に暮らしている部族社会を観察して見い出したのは、近代人とはまったく異なった、不思議な行動でした。そして、その行動を支えているのは、近代合理主義の言葉では、うまく説明のできない、野生のモラルというべきものだったのです。それがなければ、種《しゅ》が存続の危機に陥ってしまうような、全体給付と多様性のモラルだったのです。

わたしたちは、現代社会のなかで、この野生のモラルを、もう一度召喚しようとしているのでしょうか。

二つの焦点のあいだで自分を点検する

さて、日本の戦後というのは、まさに前近代的なシステムを否定し、金銭合理主義が列島全体を覆いつくすまでの長い時間だったように見えます。しかし、さすがに、リーマン・ショックや、東日本大震災の自然災害、原子力発電所の事故を経て、さらには二〇一〇年からの急激な人口減少と、経済成長の鈍化、格差の拡大という事実の前で、このままでよいのだろうかと考えるひとも増えています。もちろん、わたしも、そう考えるひとりです。

これまでは、良かったかもしれないが、これからは、違うやり方、もう一つのやり方というものを模索する必要があるのではないか。

違うやり方、もう一つのやり方というのは、どういうものなのか。

わたしは、現在の日本は、非常に危ういところにいると思っています。

近代以降初めて起きた、人口動態の反転は、現代が大きな時代の転形期にさしかかったことを示唆していますが、わたしたちは転形期のやり方がまだ、よくわからない。

経験したことのない事態に対して、どう対処してよいのかよくわからないんですね。

わたしたちの合理主義は、経験論の蓄積から出てきた、統計的推論に基づいているわけですよね。

これまでは、いつも、過去の似たような事例を見つけ出して、対処法を考えてきたのではないですか。データの集積から、傾向性を把握し、思考の落とし穴を探し出し、可能な限り、起こりそうな未来を予測してきたのではないですかね。

だからといって、わたしは、データは当てにならないとか、コンピューターは信頼できないとか、経済合理主義一辺倒じゃだめだとか、資本主義は終わったとか、そういうことを言いたいわけではありません。ムヒカ元大統領も言っていましたが、石器時代に戻れと言いたいわけでもありません。

そんなことは、したいと思ってもできるものではありませんよね。

資本主義をやめて、社会主義を採用せよということでもありません。これに関しては、人類はかつて挑戦したことがあったし、現在でも、中国やキューバなどの社会主義的な国家は存在し続けてもいます。いいところもあれば、悪いところもある。

日本であるならば、たとえば、親父たちの言い草である、昔はよかったというようなことを言いたいわけでは、さらにありません。

なんだか、床屋談義のようになりそうなので、先に行きましょう。

何が言いたいのか。

わたしが言いたいことは一つしかありません。

なぜ、ひとは、石器時代を懐かしんだり（さすがにそれはないですかね）、社会の経済システムを資本主義から社会主義へ転換させようとしたり、あるいは、昔はよかったと言って昭和の時代を称賛したりするのかを知りたいということだけなのです。

そこにあるのは、単に昔を懐かしむという人間の性向だけなのか、あるいは、そこに重要なことが隠されているのか。

日本の将来とか、世界の現在といった問題を掲げて、大きな構えで議論を始めた割には、言いたいことが小さ過ぎないかって。

いや、まずは、自分を点検するところからしか、何も始まらないんですよ。そして、それならわたしにもできる。

なぜ、昔はよかったとわたしたちは、思ってしまうのか。

そのことを、知りたいと思うのか。

それを解く鍵は、モラルです。

わたしが問題としているのは、わたしたちが現在、信じているモラルというものが、それほど確かなものではないし、現代という時代が変調をきたしているとすれば、それは、わたしたちのモラルの賞味期限が切れかけているということではないか。賞味期限切れのモラルにしがみついているのが、現在のわたしたちの姿なのではないのか。

いまあるモラルとは違うモラルが、わたしたちに呼びかけている。

それが、なぜ、昔はよかったと思ってしまうのかという問いの答えです。

そして、わたしたちは、その呼びかけに応答する義務がある。

まだら模様の世界とモラル

考えてみれば、人口というのは、将来予測に関しては、すごくいい信頼できる指標なのだけれど、人口減少は、世界で同時多発的に起きている現象ではないわけです。世界人口は、いまも増え続けているわけですからね。世界を見渡せば、顕著な人口減少を経験しているのは、ヨーロッパ、日本、韓国などの先進諸国です。ヨーロッパは、東と西、北と南で、人口動態に違いがあるのですが、それでも、ヨーロッパ全体としてみれば、やはり人口は減少傾向を示しています。この数年は、様々な対策的な政策によって、人口減少に歯止めがかかっている国もあります。スウェーデンや、フランスがその代表です。

こうした地域とは対照的に、オマーン、レバノン、ニジェール、クウェート、南スーダンといったアフリカ、中東の国々では人口が増え続けています。インドもそうですね（世界銀行のデータによる）。世界人口でみれば、まだまだ増加の一途をたどっており、何十年か後には一〇〇億人を突破しそうな勢いなのです。

人口動態だけみても、南北の違い、中心と周縁の格差は、明確ですね。

グローバリズムがこれだけ進展しても、いやグローバリズムが進展しているがゆえにと言ったほうがよいかもしれませんが、世界の人口的様相、文明の進展度合い、物質的豊かさや貧富格差の度合いは、まだら模様なのです。

ひとくちに環境問題といいますが、環境を汚している張本人が環境を守れと言っても、指南力はないですよね。核兵器保有国が、核拡散防止と言う。

しかし、発展途上国についていえば、ある程度、環境を汚していかないと発展できないわけですよね。それに対して、環境破壊をし尽くした国の指導者が、「お前たちはそれをやっちゃいかん」と言っても納得できないのも道理です。

核開発にしても、すでに核爆弾を何百発、何千発も保有している国家には、やはり、核拡散防止を言う資格があるとは思えない。日本みたいな被爆国が、率先して、核開発の禁止を訴えればよいのでしょうが、ご存じのように、国連の核兵器禁止条約の交渉のテーブルにもつかずに反対しました。

核をめぐる問題は、複雑で、覇権のパワーバランスを崩してしまう恐れがあったり、二国間条約の縛りから自由に発言できなかったりするという理屈はわからないでもないのですが、すくなくとも交渉に参加し、そのうえで決議を棄権するくらいのことはできなかったのかと思いますね。どんだけ、アメリカの属国なのかと。

また話が、政治のほうへ逸れてしまいましたね。

モラルの話をしていたのでした。

そう、この政治の話のなかで、日米同盟だとか、北朝鮮問題だとか、様々な制約があって、日本は自立した行動を起こせないように見えていること。そういうのを大人の態度と言いたいひともいるようですが、わたしは、端的に、日本人にはモラルがないんだと、言っちゃいたい気持ちなんです。

いまの経団連を見ていても、いったい経営者の誇りとか、モラルはどこに行ったんだという気持ちになりますね。

せんだって総選挙があったわけですが（二〇一七年十月）、経団連は、早速政党評価みたいなことをやり始めて、自民党への献金を会員企業に要請している。政党評価の項目というのが、規制改革だとか、法人税改革、原発推進みたいなものばかりが並んでおり、いかに、自分たちの利益に沿った政策を掲げているか、いかに、企業活動の邪魔をしないか、といった損得勘定ばかりしている。モラルもへったくれもない。

ここで、わたしが言っているモラルというのは、借りた金は返さなくてはならないというような等価交換モデル推進のためのモラルじゃありません。

新しいモラルはどこからやってくるのでしょうか。

いまの日本が転形期にあるという自覚のもとに、新しい企業モデルや、政治モデルをつくるために、なにが必要なのかを考えようという姿勢が、微塵もない。時代にふさわしいモラルをつくり出していこうという、経営者的モラルもない。

ただ、アメリカに追従する。ただ、前例を踏襲する。ただ、自らの欲望充足願望に促されて行動する。

そういうところから、新しいモラルは生まれようがないんですね。いや、モラルというものは、絶えず更新してゆかなければ、劣化し、堕落してゆかざるを得ないのです。

なんか、説教くさくて、わたしには似合わないことを言っているのは承知しているのですが、モラルというものは、そういうものだとしか言いようがないのです。

以前、モラルが先にあったわけではないと申し上げました。つまり、モラルは現在進行している現実を補強し、秩序から逸脱してゆかないために、事後的にできてくるということです。だから、もし、指導的な立場にいる人間たちが、モラルを更新してゆこうという気持ちを失えば、ただ、現実の赴くままに任せて、現状を肯定するだけだということになります。

ひたすら、自己利益へと向かう人間の欲望をコントロールするものとはなんでしょう。一つは、政治的な規制であり、もう一つは、わたしたちの内部にある、欲望をコントロールしないと破滅してしまうという恐れです。

モラルとは、後者のことであり、暴走したり、逸脱してゆこうとする欲望に歯止めをかけるのです。つまり、人間を抑制的にすること。自ら、その行動に規矩を与えることです。そして、そうしたモラルを絶えず更新してゆくことこそが、わたしたちの求める「もう一つのやり方」を具現化してゆくことにつながるのだと思います。

インターネットの発展が実現してしまった分断

人類は長い歴史のなかで、大きな転形期を幾度か経験してきました。

貨幣の登場は、その最も大きなものの一つです。

貨幣経済は、人間の生き方、暮らしぶりから、社会や政治まで、すべてを根底的に変えてしまいました。

・貨　幣　⇓　非同期的交換を可能にした
　　　　　　劣化しない価値の担い手であった（そう信じられた）

・貨幣交換　⇓　人々のモラルを一八〇度転換した

もう一つの転形期は、インターネットの登場でした。これにより、再び、人間の暮らしも、行動も、社会も大きく変化しています（まだわたしたちは、この転形期のただなかにいるわけです）。そして、インターネットが変化のトリガーになった理由は、

・インターネットメール ⇒ 非同期的コミュニケーションを可能にした
・インターネット技術 ⇒ 人類的なデータベースを可能にした
・インターネット ⇒ 新たな物々交換の場（フリマアプリ）をつくり、貨幣交換とは別の交換を可能にした

などが挙げられるだろうと思います。そして、こちらもまた、人々のモラルを転換しました。どういうことかというと、知識というものが、生身の人間の頭の中に蓄える必要がなく、外部記憶装置であるデータベースから、いつでも、どこでも引き出せるようになったこと。情報へのアクセス可能性が、人間の能力の指標になったこと（年寄りは、コンピューターリテラシーがないんだよね、なんて言うじゃないですか）。そして、一番大きな特徴は、物流のための、時間も、距離も、自由にコントロールできるようになったことです。これは、インターネットというものが、非同期的なコミュニケーションのツールであったことと深く関係しています。非同期ということは、時間と、距離をコントロールできるということだからです。

インターネット技術の進展は、わたしたちが考えてもいなかったことも、実現していま

す。まさに、「自分で意思していることとは、別のことを実現してしまう」ものですね。

その一つは、非同期的コミュニケーションの結果、人々が、聞きたい声だけを聞き、読みたい記事だけを読み、連絡したい仲間だけと交信することが可能になり、その結果、社会が、世代間や、趣味や、嗜好によって、分断されてしまったことです。

コミュニケーションのツールを手にしたゆえに、社会が、言葉が通じないグループに色分けされることになったのです。

貨幣が、社会を富者と貧者に分割したように、コンピューターもまた、情報格差の問題を生み、さらには、それぞれの趣味や嗜好や政治思想ごとの小さなグループへ分断してしまったのです。

その一番大きな問題は、一度グループに分断されてしまうと、もう、他のグループとはコミュニケーションをしなくなってしまうことです。回復の回路が切断されてしまうということです。

SNSで、他のグループにいる人間と出会うときは、罵倒するか、冷笑するか、無関心かのいずれかの態度しかとれなくなる。

そもそも、関心がない相手との回路は、断ち切ることが可能になっているツールなので、必然的に、同じような価値観をもった人間ばかりが集まることになります。

それはまた、単一の価値観の持ち主が集まってしまうことを意味しており、他の価値観の持ち主と棲み分けているということでもあるわけですね。

こうした、同じ場所にいながら、まったく異なった風景を見て、違う空気を吸って、しかも、社会下層に固定化されてしまう人々がいます。今の時代は、それも自己責任という言葉で片付けようとしています。

そこから、どんなモラルが生まれてくるのか、わたしは大変心配しています。

わたしは、この節の冒頭でまとめた、貨幣とインターネットの特徴、その脅威というものに、もうすこし敏感になる必要があるだろうと思っています。

どちらのツールも、コミュニケーションの必要性から生まれてきましたが、結局、どちらもコミュニケーションを断絶する道具として、社会に機能してしまっているからです。

その結果、人々は、自由を手にするわけですが、自由を手にした分だけ孤立化し、分断されることになっていったのではないか。

社会が激しく変化し、経済的な豊かさを謳歌できるようになり、人間の行動範囲が拡がり、しがらみからも自由になったけれども、貨幣以前の社会が持っていた相互扶助のモラルや、社会の暖かみは失われていきました。

人口減少の要因のうち、最も大きなものは、家族という共同体の変質ないしは、崩壊であると言いました。そういった意味では、人口減少は、経済発展の帰結としての家族共同体の変質であり、問題というよりは、一つの答えなのだろうと思います。

その結果、いったんは無限に増殖するかと思われた貨幣の運動が止まり、社会から流動性が失われ、総需要が減退して、右肩上がりの時代が終わろうとしている。

ヨーロッパで、マイナス金利が採用されるようなこともありましたが、これは、貨幣価値というものが、時間によって劣化しないという神話の崩壊の兆しなのかもしれません。銀行に退蔵したままの貨幣は、時間とともに、その価値を減じていく。

貨幣が腐り始めている。

それは言い過ぎかもしれませんが、金利がほとんど上がらない状況が、先進国ではもう何年も続いています。これもまた、経済発展の帰結であると言えるだろうと思います。

楕円の柔軟性を取り戻せ

ここまで、わたしたちは、「贈与と全体給付の経済」と「等価交換の経済」の二つの焦点をめぐる攻防について考えてきました。それはまた、「贈与のモラル」と「交換のモラル」をめぐる攻防でもありました。

現代という時代ほど、金銭の万能性が強まった時代はないように思えます。世の中には「等価交換のモラル」だけしか、なくなっているかのように見える。しかし、それは、「贈与のモラル」が消え去ったということではないのです。

日蝕、あるいは月蝕のように、二つの焦点が重なってしまい、「贈与のモラル」が「等価交換のモラル」の背後に隠されてしまって見えなくなっているということに過ぎません。隠されているだけであって、「贈与のモラル」は現代社会においても存在しており、それが時折、顔を覗かせているということは、まえに書いたとおりです。

一方、現代に先行する時代における贈与と全体給付システムを駆動していたものも、必ずしも持たざる者を救済するという慈悲心ではないと言わなければフェアではないでしょう。むしろ反対に、名誉や、威厳の競争という側面も強かったのです。この場合、全体給付システムの原理は、競争と敵対であり、それはいつでも、闘争に発展する危険性と隣り合わせていました。マルセル・モースはこれを「闘争型の全体給付」と呼びました。競争が激しいものになれば、お互いがお互いを滅ぼしてしまうような蕩尽という現象につながることもありました。見方を変えれば、全体給付システムもまた、共生と競争の両面を持っていたのです。

ここまでの議論の中で、わたしは等価交換モデルと贈与モデルを、あたかも対立し、相反するものとして戯画化し過ぎてきたのかもしれません。実際には、それらはほとんど同時に存在し、相互に、斥力《せきりょく》と引力によって結び付けられており、一方が他方に反発していると同時に必要としているという関係にあったというべきなのかもしれません。

わたしたち現代人が陥っている陥穽《かんせい》は、こうした楕円的で両義的な構造をもつ、異なる経済・社会システムや、モラルの体系というものを、二者択一の問題であるかのように、錯覚してしまうということです。

現代社会を覆っているのは、むしろ、この「これだけしかない」という見方の硬直性であると言えるかもしれません。

それは、一種の強迫神経症のようなものかもしれません。わたしは、もう一度、日蝕の裏側に隠されている太陽の光を取り戻す必要があるだろうと感じています。あるいは、月蝕の後ろにある闇の暗さを取り戻す必要があります。現代社会のなかに、もう一つのやり方、全体給付のモラルを取り戻すということです。

それは、別に、貨幣経済による繁栄を否定することでもないし、等価交換のモラル（借金は返済されなければならない）を転換することでもないのです。ただ、わたしたちの内部には、もう一つのモラルが存在していたことを知ることであり、二つの焦点が程よい距離感で調和する社会をつくり出していくことなのです。

再び姿を現した全体給付のモラルをどのように実現してゆくのかは、いわば応用問題の答えです。その答え方も様々であり、また多様に展開されることになるだろうと思います。

腐る貨幣、腐る情報、死

さて、これまで、再三繰り返してきたのは、全体給付のシステムと、等価交換システムの関係性とモラルについてのお話だったと思います。

整理すれば、こうなります。

共同体のメンバー全体の口数よりも、食糧の全体量が少なかったり供給が不安定だった場合、競争原理を採用すれば、食糧の争奪は熾烈なものになり、脱落者は死んでしまいます。それを繰り返せばやがて、共同体全体が滅んでしまう。だから、人類は全体給付というシステムを考え、そのシステムを説明するモラルをつくってきた。

現代という時代は、その逆で、共同体のメンバー全体の口数よりも、食糧リソースの量が圧倒的に多い。その場合には、競争原理が有効に働きます。ただし、もし、富の一極集中が起きてしまえば、この関係は維持できなくなります。いま、わたしたちは、そのような時代に生きているということです。

ここで、最後にもう一度、わたしの個人的な話にお付き合いください。

財産を失ってからこっち、わたしの内部で大きな変化が起きました。いや、変化は、両親の介護のときから徐々に拡大していたのです。

まず最初に気づいたことは、人間とは日々、どれほど大量のゴミを排出しながら生きているのかという実感でした。

わたしが住んでいる町では、週に二回ゴミの収集日があるのですが、二人きりの生活をしていたとしても、ほとんど毎週、大きなゴミ袋いっぱいのゴミが出るのです。

いまは、ひとりで書斎にこもって生活しているのですが、それでも、ゴミの量はあまり変わりません。もし、このゴミを放っておけば、たちまちのうちに、わが家はゴミ屋敷になってしまうでしょう。

なぜ、これほどのゴミが出るのかといえば、それは、わたしが食べきれないほどの量のおかずを作ったり、必要もないのに便利そうなものを買ってしまったりしているからに他なりません。わたしは、自分が生きるうえで必要なもの以上のものをいつも消費しているということかもしれません。

それらを、冷蔵庫や洋服ダンスに保存しておけばよさそうなものなのですが、ほとんどの場合、冷蔵庫の中で腐ってしまうか、洋服ダンスの中で着ないまま場所ふさぎをしているだけなのです。住んでいるアパートも日々劣化するし、喫茶店で使っている電気機器も故障して、ただのゴミになっていきます。

日本人が、いや、世界の先進国の人々が、一日に吐き出すゴミの量はどれほどのものになるのでしょうか。

日々、どれほどのものが腐っていっているのでしょうか。

わたしたちが生きていくために必要なものは、時間が経過すれば腐るものなのです。

わたしたちの肉体が歳とともに劣化してゆくのも同じです。生きているものは、すべて時間のなかで、変化し、劣化し、腐敗します。

わたしたちが死んだ後に残るのは、金の入れ歯ぐらいなものかもしれません。

劣化や、腐敗は、生きているものすべてが逃れることのできない宿命です。

それで、人間は腐らないものをつくり出したいと考えたのです。

貨幣は、腐らないものの代表でした。何年退蔵していようが、腐らない。それどころか、利息がついて、自己増殖してゆく。

それは人間の生活を変え、社会を変える大きな起爆剤の役割を果たしたわけです。貨幣の出現は、人類最大の革命的出来事だったといえるかもしれません。

当然のことながら、貨幣の出現によって、交換の様式も変化し、モラルも変化していったのです。

パルスによる情報も、いつまでたっても、劣化しません。もちろん、その内容は、時間とともに陳腐化する可能性は大なのですが、すくなくとも、媒体としての情報は将来においても再生可能です。

貨幣のことをコールドキャッシュといいますが、まさに血が流れていないからこそ、腐敗もしない。情報も同じです。

肉体が発するコミュニケーションの手段である、声も、それを聞き取る耳も、肉体の衰えとともに劣化してゆきます。体温を失えば、生身の音声によるコミュニケーションはできなくなります。デジタル化された音は、やはりどこか冷たい。コールドサウンドであり、コールドヴォイスです。

では、逆に暖かいものとは何だったのでしょう。

暖かいものとは、やはり、時間の経過とともに冷めていき、やがては、腐っていくものです。生きている人間そのものこそ、暖かいものであったはずです。

コールドキャッシュが支配する世界は、そのことを忘れさせようとしているのではないでしょうか。現代人は、科学技術の進歩の過程で、自らの肉体は腐るものだという自然の摂理を忘れているかのようにふるまっています。劣化するもの、腐敗するものは、技術的に隠蔽することが可能です。人の目の触れないところに隠すこと、白髪を黒く染めるように老化しないかのような表面を繕うことも可能です。科学技術で取り繕った社会は、いつまでもクリーンで、若々しく、輝いています。わたしたちは、劣化し、腐るものから自らを引き離そうとしてきたのです。

しかし、人間が感じる幸福感の源泉とは、暖かいものに囲まれているという実感ではないでしょうか。ヒューマンスケールを取り戻すことが、これからの時代に、とても大切なことになるだろうと思います。

コールドキャッシュに対抗するものは、交換の相手に対する信用です。信用しているからこそ、相手が困っていれば助けようとするわけであり、信用しているからこそ、お金を貸すわけです。

お金を、信用している人間に貸すとき、それが戻ってくることを必ずしも期待しているわけではありません。

「そんなことは、ないよ。銀行だって、信用がなければお金を貸さないじゃないか」と言われるかもしれませんが、この場合の信用というのは、お金が戻ってこなければ、必ず別な等価物で返済できるという保証という意味しかありません。だから、担保物件を差し出し、書類にサインし、印鑑を押して、等価交換が確実に行われるという証拠にしている。わたしがここで言いたい信用とは関係がないのです。

信用貸しとは、かりに戻ってこなくても、後悔はしない貸し付けのことだろうと思います。わたしは、何人かの友人に出資していますが、それが増えて戻ってくる可能性はほとんどないことを知っていて出資したのです。その理由は、相手を信用していたからです。もし、等価物による返済が不可能になった場合でも、関係は続くのであり、関係が続く限りお金とは別のかたちの返礼があるはずです。それは等価物による返礼とは限らない。わたしに直接返礼されないかもしれません。しかし、それらの出資金が、有効に使われることと、生きたものになるだろうということだけは信用している。

本書の最後でわたしが言いたいことは、お金を憎んだり、廃止しろということではまったくありません。わたしは、いまでも、お金が欲しいし、愛しいものだと思っています。お金は大切だし、欲しいものではあるけれども、他にも大切なことがあるという当たり前のことを言いたいだけなのです。

相互扶助は、わたしたち人類が持っていた、当たり前のモラルであり、現代の社会においても、まだ生きています。そうしたものがつくり上げる人間関係に対して、偽善であるとか、甘やかしであるという批判がありますが、そういうことを声高に叫んでいる人間の言うことを信じるわけにはいきません。

現代という時代の最も大きな問題は、それが冷たい社会になりつつあるということです。それは、レヴィ＝ストロースが言う、「冷たい社会」とは正反対の意味での冷たい社会です。レヴィ＝ストロースは、変化しない定常的な社会のことを「冷たい社会」と呼んだのです。

現代という社会は、急激に変化をしている地域と、すこしずつ変化をしなくなっている地域に分かれています。

わたしたちが住んでいる日本は、後者のプロセスに入っているように思えます。

つまりは、成熟した社会なのかもしれません。社会は、歴史発展とともに、成熟へ向かっていても、その中にいる人間たちのモラルは、発育途上にある青年のままのような気もします。貨幣経済出現以来の、古い、等価交換の常識を疑わない血の通わないモラルです。

わたしたちには、現代にも生きている、血の通う、体温の感じられるモラルを呼び戻す必要があります。

どうすればよいのか。

本書で何度か語ってきたのですが、それは、呼びかけることしかありません。最初は応答がなくとも、違う価値観の中に住んでいる人々に対して、呼びかけることです。

還暦を過ぎて、感じたことの一つは、自分の生命には終わりがあるということです。当たり前じゃないかと言われそうですが、実感としてそういうことを感じられるようになるのは、やはり還暦を過ぎたころだろうと思いますよ。それまでは、死のことはあまり考えないし、考える必要もなかった。

ひとりの人生には終わりがあって、個人として再生することはありません。ただ、同じ場所で別の人格が再生してくる。個人としてみれば、死は断絶に過ぎませんが、種としてみれば、死は再生のための結節点です。熟れた実が、地面に落ちて、種になって、また新しい芽を出す。あらゆる自然物は、時間とともに成熟して、腐って、最後に死ぬ。そして、次の世代が生まれてくる。この世代の繰り返しが、種が存続するということです。

本文中にご紹介した、イヌイットの言葉を思い出しましょう。

「この国では、われわれは人間である」

と言ったのですね。そうです、人間とは、相互に助け合うものであり、腐るものであり、死すべきものなのです。

わたしが、財産を失って、考えたことの結論も、ここにあります。「わたしたちは人間だろ」だから……。わたしたちのつくり上げてきた、巨大な人造物に囲まれて、「人間」が窒息しかけている。「人間」を取り戻すには、「人間」に呼びかけるしかないのです。そして、もう一度、腐る貨幣を流通させなければならない。

そんなことを考えたのも、わたしが腐り始めているからなのかもしれません。

あとがき

そろそろ酒席も終わりに近づいてきたころ、ひとりの男が言います。「今日は、俺のおごりだ」。誰かが、「おお、ありがとう。じゃ、次は俺が」。

どこにでもある、よく見かける光景ですよね。

「おごる」という言葉には、奢る、驕る、傲るといった漢字がありますが、どれも、あまり良い意味は持っていないですよね。贅沢をしているとか、調子に乗っているとか、上から目線だとか。しかし、これが、どうして他者を饗応《きょうおう》するという意味を同時に持つのか。

本書では、直接には「おごる」という言葉をめぐる考察は書かれていませんが、「おごる」という言葉が正反対の意味を同時に持っているように、貸借関係という人間関係には、およそ相反する二つの意味があるということについて書かれています。簡単に言うなら、支配と服従という関係と、親愛とその受容という関係です。ジャングルの奥地に住む非貨幣的な部族社会の人々にとって、貸借関係は清算してはならない関係であり、現代の等価交換の社会では、それは清算されなければならない関係です。

しかし、よく眺めてみれば、現代においても、清算してはならない関係というものが、あちらこちらに残っているのがわかるのです。半返しの習慣や、バレンタインデーの返礼という不等価交換がそれにあたります。より少なく返すか、より多く返さなくてはならない。多く返すにせよ、少なく返すにせよ、貸借関係を清算してはいけないという意識が背景にあるわけです。

そして、この貸借関係にまつわるモラルは、ひょっとすると、現代のわたしたちの社会の行き詰まり、貧富格差、富の一極集中といった経済的な諸問題に対する、もう一つのやり方を考えるうえでの鍵になるのではないかと、わたしは思ったのです。

本書は、もとより学術的な論文ではありません。本文で書かれていることは、ほとんど、わたしの自身の経験と、学術書や研究書の中にあらわれる贈与交換や、貨幣交換の知見を照らし合わせながら考えたことです。この分野の専門家には、そんなことはすでに、立証されていると言われるかもしれないし、お前の言っていることなどとっくに、反証されていると言われるかもしれません。その点についてはご批判やご指導をいただければ幸いです。

本書の力点は、わたしが知り得た、文化人類学の知見や、歴史学の知見が、現代の社会のなかで、どれほどの指南力を持つものなのか、そのことを自分の欲得を勘定に入れたうえで、確かめたいというところにありました。それが、果たして多くの人々と共有できるものなのか、わたしの独りよがりの思い込みなのかは、本書が世に出てからでなければわかりません。こんな感覚は、わたしがこれまでに書いた二十数冊のなかでも、経験したことがなかったので、どうなるのか楽しみです。

まえがきにも記しましたが、本書は、ミシマ社の三島邦弘社長と、星野友里さんを前にして、語り続けるというプロジェクトから始まりました。最終的には、最初から最後まで、ほとんどすべてを書き直し、再構成するということになったので、書き下ろし作品だと言っても良いと思います。辛抱強く待っていただき、力強い励ましの言葉をかけてくださったお二人には、あらためてお礼申しあげます。三島さんの「スゴイ！」がなければ、続けられなかったかもしれません。

さて、読者の皆様、最後までお読みいただきありがとうございました。では、また次の機会に。御恩はお借りしたままにしておきます。

二〇一七年十二月

平川克美

〔1〕『**負債論**』デヴィッド・グレーバー

〔2〕同右一一九頁

〔3〕『**借りの哲学**』（atプラス叢書06）ナタリー・サルトゥー＝ラジュ

平川は、本書の書評を「北海道新聞」（二〇一四年四月二十七日）の書評欄で書いている。タイトルは『社会癒やす贈与の連鎖』。その全文をここに記しておく。

見かけは易しいが、骨も深みもある贈与をめぐる論考である。

行き過ぎた市場主義、あるいは金銭一元的な価値観が支配する現代社会は、これから先どこへ向かうのだろうか。もし、このまま市場原理的な価値観や、個人主義が純化していけば、未来はあまり楽しいものではないように思える。かといって、現代社会を支えている資本主義的な経済システムや、自由主義に対抗する新しいシステムは、まだ誰も描き出すことができない。

本書は、現代社会が陥った陥穽《かんせい》、つまり格差や、孤立化や、経済的な不安定から、抜け出すためにどうすればよいのかについて、意想外な仮説を提案している。

現代社会を支えている等価交換の原理のなかに、贈与交換の原理を導入すること、そのためには「借り」の効用を最大限利用すること。結論だけ書けば、実現不能の空論のように響くかもしれないが、丁寧に著者の言わんとすることに耳を傾ければ、これこそが生きにくくなった現代社会の住人を癒やしてくれる根源的な処方ではないかと思えてくるだろう。

なぜなら、現代の病根とは、近代的な「個」の発見と、それを実現するための「等価交換の市場」の発明に起源を持っているからである。

等価交換のシステムとは、まさに人間と人間の関係を金によって清算するシステムでもあるのだ。自由を得た結果として、人々は孤立し、無縁の消費者として、生存競争の中に投げ込まれた。この孤立地獄から脱する方法はあるのか。

著者が援用しているのは、マルセル・モースの『贈与論』である。人は生まれながらに「借り」を持った存在であり、この「借り」は、貸し手に返すのではなく、第三者に贈与することで贖《あがな》われる。この贈与の連鎖が、人と人を結びつけ、競争的ではない社会をつくる。モースの思想こそが、行き詰まりになった現代のわれわれに対する、過去からの贈与でもあったのだ。

[4]**『負債論』**前出

[5]**『今昔物語』**芳賀矢一纂訂『攷証今昔物語集』(冨山房・大正十年四月)より抜粋。巻一六第二八話　参長谷男依観音助得富語　第廿八

[6]**森川義信**(一九一八ー一九四二)　鮎川信夫とは詩誌「LUNA」を通して、盟友的なつながりのあった詩人。一九四一年、丸亀歩兵連隊に入隊し、翌四二年、ビルマ(現ミャンマー)で戦病死した。享年二十五。代表作は「勾配」。

勾配　森川義信

非望のきわみ
非望のいのち
はげしく一つのものに向って
誰がこの階段をおりていったか
時空をこえて屹立する地平をのぞんで
そこに立てば
かきむしるように悲風はつんざき
季節はすでに終りであった
たかだかと欲望の精神に
はたして時は
噴水や花を象眼し
光彩の地平をもちあげたか
清純なものばかり打ちくだいて
なにゆえにここまで来たのか
だがみよ
きびしく勾配に根をささえ
ふとした流れの凹みから
いくつもの道ははじまっていたのだ

[7]**『贈与論』**マルセル・モース/ちくま学芸文庫　三四〜三三五頁

[8]**日本国憲法第二十四条**
婚姻は、両性の合意のみに基いて成立し、夫婦が同等の権利を有することを基本として、相互の協

力により、維持されなければならない。
2 配偶者の選択、財産権、相続、住居の選定、離婚並びに婚姻及び家族に関するその他の事項に関しては、法律は、個人の尊厳と両性の本質的平等に立脚して、制定されなければならない。

[9]『**経済の本質**』ジェイン・ジェイコブズ／日本経済新聞社　引用部分は第6章「適者生存の二重の法則」

[10]『**人口論**』ロバート・マルサスは、一七九八年主著『人口論』を著し、この中で「幾何級数的に増加する人口と算術級数的に増加する食糧の差により人口過剰、すなわち貧困が発生する」という説を展開した。「これは必然であり、社会制度の改良では回避され得ない」とする見方を提唱したが、科学技術、農業技術の飛躍的な発展によって、マルサスの抱いた危惧は回避されたかに見えた。さらに、近年の先進国の人口減少という現象の出現によって、マルサスの食糧問題に関する危機はその意味を失った。しかし、たとえば、二酸化炭素排出の問題や、地球温暖化の問題を見ていると、筆者は、自然と人間との関係には、原理的な矛盾が存在するというマルサスの問題意識が再度見直されることになると考える。

[11]『**無縁・公界・楽**』網野善彦／平凡社

[12]『**歴史（中）**』ヘロドトス／岩波文庫　沈黙交易に関しては以下のとおり記されている（一一六～一一七頁）。

カルタゴ人の話には次のようなこともある。「ヘラクレスの柱」以遠の地に、あるリビア人の住む国があり、カルタゴ人はこの国に着いて積荷をおろすと、これを波打際に並べて船に帰り、狼煙《のろし》をあげる。土地の住民は煙を見ると海岸へきて、商品の代金として黄金を置き、それから商品の並べてある場所から遠くへさがる。するとカルタゴ人は下船してそれを調べ、黄金の額が商品の価値に釣合うと見れば、黄金を取って立ち去る。釣合わぬ時には、再び乗船して待機していると、住民が寄ってきて黄金を追加し、カルタゴ人が納得するまでこういうことを続ける。双方とも相手に不正なことは決して行なわず、カルタゴ人は黄金の額が商品の価値に等しくなるまでは、黄金に手を触れず、住民もカルタゴ人が黄金を取るまでは、商品に手をつけない、という。

〔13〕**NHKスペシャル「大アマゾン最後の秘境　第四集　最後のイゾラド　森の果て　未知の人々」**
この番組のハイライトは以下のサイトで観ることができる。
http://www.nhk.or.jp/special/amazon/series4/about/

〔14〕**ホセ・ムヒカ大統領の演説**　二〇一二年六月二十日、リオ会議（Rio+20）における、当時のウルグアイ大統領、ホセ・ムヒカのスピーチは、
https://hana.bi/2012/07/mujica-speech-nihongo/
で、読むことができる。日本語翻訳は、打村明氏。

参考図書

『負債論』デヴィッド・グレーバー、酒井隆史（監訳）、高祖岩三郎・佐々木夏子（訳）／以文社
『国富論』アダム・スミス、大河内一男（監訳）／中公文庫
『贈与論』マルセル・モース、吉田禎吾・江川純一（訳）／ちくま学芸文庫
『密林の語り部』バルガス＝リョサ、西村英一郎（訳）／岩波文庫
『はたらかないで、たらふく食べたい』栗原康／タバブックス
『チャヴ――弱者を敵視する社会』オーウェン・ジョーンズ、依田卓巳（訳）／海と月社
『神話の力』ジョーゼフ・キャンベル＆ビル・モイヤーズ、飛田茂雄（訳）／ハヤカワ・ノンフィクション文庫
「楕円幻想」花田清輝『日本幻想文学集成　花田清輝』池内紀（編）／国書刊行会収録
『帝国主義』幸徳秋水／岩波文庫
『借りの哲学』（atプラス叢書06）ナタリー・サルトゥー＝ラジュ、國分功一郎（解説）、高野優（監訳）、小林重裕（訳）／太田出版
『中動態の世界』國分功一郎／医学書院
『「その日暮らし」の人類学　もう一つの資本主義経済』小川さやか／光文社新書
『経済の本質』ジェイン・ジェイコブズ、香西泰・植木直子（訳）／日本経済新聞社
『ルポ　雇用なしで生きる――スペイン発「もうひとつの生き方」への挑戦』工藤律子／岩波書店

平川克美（ひらかわ・かつみ）
1950年、東京都生まれ。
隣町珈琲店主。
声と語りのダウンロードサイト
「ラジオデイズ」代表。
立教大学客員教授。文筆家。
早稲田大学理工学部機械工学科卒業後、
翻訳を主業務とする
アーバン・トランスレーションを設立。
著書に『小商いのすすめ
「経済成長」から「縮小均衡」の時代へ』
『「消費」をやめる　銭湯経済のすすめ』
（ともにミシマ社）、
『移行期的混乱』（ちくま文庫）、
『俺に似たひと』（朝日文庫）、
『路地裏の資本主義』（角川ＳＳＣ新書）、
『言葉が鍛えられる場所』（大和書房）、
『「移行期的混乱」以後』（晶文社）
など多数ある。

21世紀《せいき》の楕円幻想論《だえんげんそうろん》　その日暮《ひぐ》らしの哲学《てつがく》

二〇一八年二月　三　日　初版第一刷発行
二〇一八年十月十一日　初版第三刷発行

著　者　平川克美
発行者　三島邦弘
発行所　（株）ミシマ社
郵便番号　一五二―〇〇三五
東京都目黒区自由が丘二―六―一三
電話　〇三（三七二四）五六一六
FAX　〇三（三七二四）五六一八
e-mail　hatena@mishimasha.com
URL　http://www.mishimasha.com/
振替　〇〇一六〇―一―三七二九七六

装　丁　寄藤文平・吉田考宏（文平銀座）
印刷・製本　（株）シナノ
組　版　（有）エヴリ・シンク

ISBN 978-4-909394-02-6